La Souillonne et son cat'chisse en images

La Souillonne et son cat'chisse en images.
Copyright © 2022 by Normand Beaupré

Published in the United States of America.

ISBN   Paperback: 978-1-951901-84-4
ISBN   eBook: 978-1-951901-85-1

All rights reserved. No part of this publication may be reproduced, stored in a retrieval system or transmitted in any way by any means, electronic, mechanical, photocopy, recording or otherwise without the prior permission of the author except as provided by USA copyright law.

La Souillonne

Et Son Cat'chisse En Images

Monologue Sur Scène

NORMAN BEAUPRÉ

Pour toutes les anciennes du moulin qui ont oeuvré avec coeur, acharnement et bonheur d'avoir accompli leur devoir de bonne Franco en tant que femme de devoir quotidien, et qui ont tissé leurs propres rêves et les ont transmis à ceux et celles qu'elles ont formés, la descendance franco-américaine.

Ainsi pour Paul Côté fidèle ami de mes écrits surtout sur la Souillonne et sa langue de femme du moulin qui parle le parler de chez nous.

Je souhaite à tous mes lecteurs et lectrices bonne lecture et bonne fidélité à l'esprit de la Souillonne qui maintient notre héritage et notre langue en vie, nous les Franco-Américains. Elle veut bien le faire avec la persévérance de son auteur car elle incarne non seulement notre mode de vie mais elle a l'audace de ne jamais quitter la force d'âme et de coeur d'être Franco-Américaine pure laine. L'auteur lui a non seulement insufflé son propre verbe mais aussi sa raison d'être en tant qu'auteur. Ce qui veut dire que l'auteur est l'animation même de son oeuvre. C'est lui qui lui donne vie et l'audace d'être un écrivain dans un dialecte sensible aux aspérités des temps et des revers. C'est alors que la Souillonne rencontrera sa fin contente d'avoir réussi son rôle de porte-parole et porte-bonheur. Cependant, la Souillonne ne mourra pas tant qu'il y aura des Souillonnes qui oseront tenir fermes son personnage imaginé mais véritablement fidèle à la créativité d'un écrivain qui se veut porte-héritage, un héritage qui ne peut pas et ne veut pas mourir.

Ce qui ne meure pas dépasse même les plus grands espoirs et les plus grandes déceptions dans la vie. C'est-à-dire l'âme humaine, le souffle de vie qui ne meure point car Dieu l'a créé tel quel. Et puis, Dieu merci que l'auteur peut lui même créer par le bienfait de la langue, une littérature qui se veut et se fait éternelle sans vantardise et sans déception. C'est pourquoi l'auteur de cette oeuvre en particulier espère le moins d'avoir contribué la possibilité d'une étincelle dite parfois prométhéenne.

[La couverture est tirée de l'oeuvre de Gislebertus,
Ève, du tympan de la cathédrale Saint-Lazare d'Autun, France]

Les autres livres du même auteur:

1. *L'Enclume et le couteau, the Life and Work of Adelard Coté, Folk Artist*, NMDC, Manchester, N.H, 1982, reprint by Llumina Press, Coral Springs, FL, 2007.
2. *Le Petit Mangeur de Fleurs*, JCL, Chicoutimi, Québec, 1999.
3. *Lumineau*, JCL, Chicoutimi, Québec, 2002.
4. *Marginal Enemies*, Llumina Press, Coral Springs, FL, 2004.
5. *Deux Femmes, Deux Rêves*, Llumina Press, Coral Springs, FL, 2005.
6. *La Souillonne, Monologue sur scène*, Llumina Press, Coral Springs, FL, 2006.
7. *Before All Dignity Is Lost*, Llumina Press, Coral Springs, FL, 2006.
8. *Trails Within, Meditations on the Walking Trails at the Ghost Ranch in Abiquiu, New Mexico*, Llumina Press, Coral Springs, FL, 2007.
9. *La Souillonne deusse*, Llumina Press, Coral Springs, FL, 2008.
10. *The Boy With the Blue Cap—Van Gogh in Arles*, Llumina Press, Coral Springs, FL, 2009. Second edition by LitFire Publishing, Atlanta, GA, 2017.
11. *Voix Francophones de chez nous—histoires et contes* par Normand Beaupré et autres, Llumina Press, Coral Springs, FL, 2009.
12. *La Souillonne, Dramatic Monologue*, trans. from French by the author, Llumina Press, Coral Springs, FL, 2009.
13. *The Man with the Easel of Horn—the Life and Work of Émile Friant*, Llumina Press, Coral Springs, FL, 2010.
14. *The Little Eater of Bleeding Hearts*, translation of *Le Petit Mangeur de Fleurs*, by the author, Llumina Press, Coral Springs, FL, 2010.
15. *Simplicity in the Life of the Gospels—Spiritual Reflections*, Llumina Press, Coral Springs, FL, 2011.

16. *Madame Athanase T. Brindamour, raconteuse, histoires et folleries,* Llumina Press, Coral Springs, FL, 2012.
17. *Cajetan, the Stargazer,* Llumina Press, Coral Springs, FL, 2012.
18. *L'Étranger Extraterrestre,* Llumina Press, Plantation, FL, 2013.
19. *Marie-Quat'e-Poches et Sarah Foshay,* Llumina Press, Plantation, FL, 2013.
20. *In Search of the Fallen Divina, Maria Callas,* Llumina Press, Plantation, FL, 2015.
21. *Souvenances d'une Enfance Francophone Rêveuse,* Llumina Press, Plantation, FL, 2016.
22. *The Day the Horses Went to the Fair—Animal Lover and Painter, Rosa Bonheur,* LitFire Publishing, Atlanta, GA, 2017.
23. *Lucienne, la simple d'esprit,* LitFire Publishing, Atlanta, GA, 2017. 2nd ed. Colibri Publishing, Miami, FL 2022.
24. *Of Boa Constrictors, Elephants and Imaginary Whales—Cautionary Tales,* Stonewall Press, Bethesda, MD, 2018.
25. *When the Flowers Are Gone,* Alpha Books United, FL., 2020.
26. *An Artist of Daring Creativity: Micheline Bousquet,* Colibri Publishing, Miami, FL, 2022.

AVANT PROPOS

Lorsque j'écrivis mon monologue dramatique sur scène intitulé "La Souillonne", je ne m'attendais pas d'une réussite éclatante dont je fus témoin depuis son lancement. Il y a eu plusieurs représentations ici dans l'État du Maine ainsi qu'en France et puis au Québec avec Marie Cormier qui avait accédé à mes désirs de jouer le rôle de cette femme du *moulin* qui raconte son histoire que j'ai appelée la Souillonne. Je l'ai déjà dit et le répète, que la Souillonne se veut la Sagouine franco-américaine. L'emploi du dialecte et la franchise d'âme et de coeur de cette femme tombent dans les ressemblances sinon la complicité de deux femmes stimulées par le gros travail quotidien et les joies ainsi que les déceptions de la vie, l'une l'Acadienne et l'autre une Franco-Américaine. En fin de compte, ces deux femmes sont foncièrement les produits de deux cultures qui sont apparentées et par leur langue et par leurs traditions ancrées dans un héritage qui ne veut pas et qui ne peut pas mourir.

Antonine Maillet a mis tout son verve d'Acadienne dans son oeuvre qui résonne de succès même aujourd'hui. Elle m'avait déjà dit qu'elle "prenait une chance" en écrivant cette pièce de théâtre en dialecte acadien, ce monologue sur scène envoûtant, plein d'entrain et rempli d'un humour inconcevable hors du caractére acadien, mais réalisable de la plume d'une écrivaine incomparable. Je lui dois l'inestimable don d'écrire avec fierté une oeuvre qui par comparaison porte sur les délices culturelles de la Sagouine acadienne. C'est la

Souillonne, ma Souillonne, conçue alors que j'hésitais d'abord une telle oeuvre puisque je ne savais pas si la Souillonne et son dialecte franco-américain seraient bien acceptés chez nous et ailleurs. J'ai toujours été fier de mes écrits puisqu'ils suivaient les règles et les dictées d'une grammaire et d'un vocabulaire bien ordonnés, désirés et voulus par tous ceux et celles qui m'avaient enseigné tout ce qui était prescrit dans l'apprentissage de la langue française, standardisée et formellement acceptée.

C'est alors que moi aussi j'ai pris une chance en me lançant dans cette oeuvre qu'est **La Souillonne, monologue sur scène.** Je me suis donc aperçu que cette oeuvre coulait de ma tête comme un ruisseau envivrant de pensées, de souvenirs, et de mots longtemps parlés par mes ancêtres, ma famille et moi-même tout le long de ma vie. C'était comme si le dialecte franco-américain puisé du parler québécois ne s'arrêtait pas de mijoter dans ma tête. Ceci faisait partie de mon héritage vécu, un héritage qui ne voulait point disparaître de mon coeur et de ma créativité d'écrivain. Je me suis donc aperçu que j'étais vraiment Franco-Américain de souche et d'âme. J'avais le don d'écrire, mais j'avais aussi le don du mot qui m'avait été légué par mes ancêtres. J'adhérais à la fidélité de la langue normale et standarde, universelle dis-je, mais j'avais aussi à ma disposition le dialecte franco-américain. Ce dialecte est riche d'expressions et de termes uniques dans sa manière de s'exprimer et se sentir "chez nous." J'ai bien grandi avec ce dialecte qui était aussi de franchise que de bon aloi, car tout le monde de chez nous parlait comme cela. C'est vrai qu'à l'école des soeurs, nous apprenions le "bon" français puisqu'elles nous enseignaient ce qu'elles avaient elles-mêmes étudié et pratiqué en tant qu'institutrices et bonnes pratiquantes de langue et de grammaire. Le dialecte, c'était pour chez nous, à la maison et avec la parenté et les amis.

Je n'ai jamais été puni pour avoir parlé notre langue en dialecte. "Pas d'saint danger," comme le dirait Madame Lebel, une de nos voisines qui n'avait pas la langue dans sa poche.

C'est alors que je me suis mis à utiliser notre dialecte après avoir écrit plusieurs livres en français traditionel et formel. De plus, j'avais su écrire en français après aussi avoir porté mon attention sur maintes dictées données en salle de classe avec mon instituteur de français préféré, maître du septième grade de l'école Saint-André de Biddeford, le Frère Jean-Raoul, frère du Sacré-Coeur. Je me suis dit aussi que si la renommée, l'écrivaine Antonine Maillet, pouvait le faire et puis elle avait réussi à convaincre un grand public au Québec et en Acadie de la juste valeur du chiac et du parler acadien qu'elle connaissait bien et qu'elle avait entendu parlé si souvent, alors moi aussi je pourrais faire parler ma Souillonne en dialecte franco-américain.

Pourquoi pas? Le dialecte c'est le vrai, les mots même qui sortent de nos entrailles parfois tendues, et je pourrais même dire que c'est de l'authentique. Une authenticité qui vient de la franchise d'être ce que l'on est et rien d'autre.

L'autre vient parfois nous arracher ce qui nous façonne et qui nous lance dans le monde des mots. J'ai donc appris à être fidèle à ma langue française cernée de notre dialecte si souvent rejeté par les hautes têtes et les hautes langues qui méprisaient notre parler comme tel, et qui venaient jusqu'à nous défendre de parler notre dialecte qui sortait de nos "bottines", comme le disait Madame Lebel, une de nos voisines alors que je grandissais. Elle était franche et sans gêne et sans témérité celle-là. Son mari disait que sa femme parlait comme elle marchait, et je vous dis qu'elle marchait vite et droit comme un piquet.

Et bien, ça suffit maintenant ma défense de notre dialecte, ce verbe attachant et plein de mots et de termes qui date de bien loin dans notre histoire à nous Franco-Américains.

C'est le temps de faire parler la Souillonne dans une autre venue dramatique que j'appelle "La Souillonne et son cat'chisse en images." J'ai choisi ce cahier de demandes et de réponses sur la doctrine chrétienne catholique longtemps le livre utilisé par les enfants des écoles catholiques à travers les années d'antan. Publié en France, choisi par les institutrices et instituteurs de foi chrétienne et puis ensuite transmis aux écoles paroissiales de la Nouvelle-Angleterre. Moi-même je n'ai jamais eu comme devoir d'étudier ce catéchisme en images. Ce gros et grand livre avait soixante-seize tableaux. Ce fut un livre de demandes et de réponses que je n'aimais pas car il nous fallait tout apprendre par coeur et le répéter à la maîtresse ou le maître en charge de notre leçon de catéchisme. J'aurais bien aimé regarder tous ces tableaux qui suscitaient non seulement la curiosité mais une certaine peur sinon l'horreur d'avoir sous l'oeil une image d'un démon et son enfer si cruel et si graphique, assez pour nous faire "pisser dans nos petites culottes" comme le disait Marie-Ange Laflamme, écolière peureuse comme un petit suisse. C'est seulement plus tard que j'ai pris connaissance de ce catéchisme en images. Je l'ai trouvé très animé et fort intéressant, rempli de connaissances bibliques et instructives sur la foi chrétienne. C'était, à mon avis, un livre destiné à vivre dans la mémoire de ceux et celles qui l'avaient soit enseigné ou appris dans la salle de classe. De nos jours, c'est un cahier d'un passé voué à l'instruction chrétienne traditionelle et placé dans nos archives à quelque part. Peut-être oublié par plusieurs.

J'ai donc choisi de mettre comme sujet de mémoire dramatique de la part de la Souillonne puisqu'elle aurait su connaître ce catéchisme en images sinon de profondeur au moins par connaissance de cause soit de l'avoir un peu étudié soit par discussion avec ses amis ou la parenté. Elle a dû certainement être frappée par les images en réagissant d'une façon remarquable d'une femme non formellement éduquée mais formée par des années d'expériences vécues de ce qui est la Souillonne. C'est alors que je vous rends la Souillonne comme je l'ai laissée assise dans sa cuisine nous racontant son histoire et partageant ses pensées. Tout en se berçant doucement, elle nous parle à nous qui osons l'écouter une autre fois.

Avant de passer la parole à la Souillonne, je dois ajouter à propos de notre dialecte que c'est une langue vécue, parlée et non reconnue dans un dictionnaire, ni une grammaire spécialisée ni un texte reconnu comme guide, car c'est une langue non formellement acquise mais transmise de génération en génération, de bouche en bouche oralement avec son propre accent. Cette langue du peuple, je ne l'ai pas apprise à l'école mais à la maison, avec la parenté, et sur le trottoir où s'assemblaient les amis, les voisins et d'autres que je ne connaissais pas mais qui parlaient "notre" langue. Ce fut et ce l'est encore une langue orale et non écrite. Très peu d'écrivains utilisent ce dialecte car ce n'est pas facile de le faire lorsque qu'il faut le tirer de la mémoire et pour les mots et pour l'accent qui résonne encore d'un passé bien accaparé de souvenirs mordants et tenaces.

L'orsque je m'en sers pour mes quelques écrits telle "La Souillonne", je dois le sortir de mes entrailles franco-américaines et de ma mémoire où reste collée cette langue orale. Je dois alors la faire résonner tout haut afin de capter le vrai sens de son orthographe. C'est tout un travail d'écrivain à sa tâche, mais aussi une joie de l'accomplissement et du défi, ou comme le disent aujourd'hui les Français, le "challenge." Ah, les mots, de vraies chouettes, comme le dirait la Souillonne.

LA SOUILLONNE NOUS PARLE:

Le Premier Chapître: Pourquoi j'viens vous achaler

Ben, approchez-vous pis n'ayez pas peur de ce que j'vas vous dire. La Souillonne est pas menteuse, ni bavarde ni orgueilleuse. 'A veut seulement vous raconter des choses qui sont vraies et qui durent, et un peu de sa jeunesse alors qu'on vivait s'a côte dans le bloc à Monsieur LaBranche.

On vivait ben dans c'temps-là. Pas trop de misère ni de mal entendu. On s'connaissait toute pis on s'accordait comme y l'faut. Pas trop d'chicane ni de faux placotage. On sait ben que les gens aimaient placoter un peu mais pas pour mettre les gens en avarsion. Les grandes parsonnes s'accordaient pis les jeunes apprenaient toutes sortes de choses à l'école pis à la maison. On sait ben qu'à l'école c'était des choses dans les livres que la soeur nous apprenait. Pis, on nous faisait apprendre toutes sortes de choses par coeur comme le cat'chisse. Y fallait savoir les réponses de cat'chisse et les réciter par coeur ou ben on nous donnait pas la parmission de faire notre première communion. C'était ben sérieux c't'affaire-là. Pis, ça c'était à part des règles de grammaire et les chiffres multipliés, divisés, et des fois additionnés. Ma foi, j'allais oublier la soustraction. J'ai la mémoire courte parfois. Ouais, la fameuse règle de grammaire et les participes passés. Ça dépendait des auxiliaires, "être" et "avoir." J'm'en souviens p'us. J'veux p'us y penser non plus. Ce qu'on apprenait à maison c'était ce que nos parents et nos grand-parents nous disaient à propos du bon vieux temps. Y'était pas toujours ben ben bon, j'vous l'assure, le bon vieux temps. Ça c'est un autre sujet que j'garde pour plus tard.

Ben, j'veux pas vous achaler avec mes affaires, mais j'veux seulement vous dire un peu mon histouère sur le cat'chisse en images avec soixante-seize tableaux. Faut crère que les gens de la France disaient tableaux pour desseins. Pas des tableaux pour écrire avec de la craie. Non. Des grands desseins à l'encre ou peut-être au crayon. J'n'sais pas. Toute ce que je sais c'est qu'ils sont en noir, pas en couleur. J'aurais aimé qu'ils seyent en couleur. C'est plusse intéressant avec des couleurs. Vous savez que ma vie à moé est en couleur. C'est pas du tout drôle de vivre dans l'noir. C'est comme vivre dans le deuil des jours et des semaines et même des mois de temps sans pouvoir s'habiller en couleur. C'est exactement pour ça que j'insiste que ma vie seye en couleur. Pis, mon Willé aimait don' les couleurs. J'en portais pour lui plaire. Tous les jours. Assez de porter le noir pour le deuil de mon Willé. Pis pour ma mére pis mon pére itou. Mon pére est parti avant ma mére c'qui veut dire que maman m'a laissée toute seule comme un chien. Ça c'était don' d'valeur et triste pour moé. Toute seule dans vie. Toute seule sans mon Willé que moé j'aimais tant assez pour dev'nir sa femme pis avoir des enfants. J'aurais été si heureuse. J'en pleure même aujourd'hui, vous savez. Oui, l'Bon Dieu a pas voulu que j'aies des enfants à moé, mes enfants et les enfants à Willé itou pas seulement à moé. Le bonheur s'a terre s'trouve dans les enfants, nos propres enfants. C'est pour ça que l'Seigneur aimait tant les petits enfants. Ça on l'trouve dans les évangiles. "Laissez venir à moi les petits enfants," y'a dit. Mon Willé était comme le Seigneur, doux et de bon coeur. Un homme de ma façon de connaître un homme. Le connaître à fond et pis l'aimer. Pas pour le minoucher et s'faire tapocher avec des mains qu'on veut pas pantoute. Non. Les doux baisers d'amour, ça c'est du vrai. De l'amour tendre qui nous plaît et nous adoucit le coeur. Mon Willé m'aimait comme ça. Pas de cachage ni de placotage avec lui. Tout était authentique avec lui. J'dis authentique parce que c'était vraiment vrai, une vérité qui v'nait du coeur pas du cul. Excusez-la, mais j'sais pas l'dire autrement.

C'est alors que j'vous dis que chus une Ève manquée, sans un Adam, et sans un homme vrai et en vie tout comme mon cher Willé était. Ah, mon cher, cher Willé qui me manque tellement dans une vie où j'me sens seule et presque abandonnée du Bon Dieu. Mais moé j'l'ai pas abandonné.

J'lui parle à chaque jour. J'lui d'mande de ne jamais m'abandonner, jamais me laisser toute seule sans que'qu'un dans ma pauvre vie. J'vis seule, vous savez. Le Bon Dieu le sait. Je l'sais ben. Oui, y' a le beau fouette à Médée, mais c'est pas la même chose. C'est pas d'la famille comme autrefois. Oui, une Ève manquée que chus. Une bonnefemme à la dérive comme le dirait ma chum, la Farley. Elle a m'dirait *drifting, my dear*. Ouais, *drifting like a log*. Une bûche pardue. Ève a eu d'la chance, elle, parce qu'a toujours eu son Adam avec elle, et ses enfants. Oui, elle a eu des enfants. La Bible le dit. Chanceuse. Des enfants, c'est un cadeau. Vous allez crère que chus plaingneuse. Non, j'vous dis seulement ce que j'pense. Médée m'écoute jamais lui. Y'é toujours assis dans sa chaise bourrée et pis y s'farme les yeux faisant accrère qui est endormi. J'peux pas parler avec lui. Un vrai snoreau. J'me plains pas. J'vous dis la vérité. J'm'ennuie quand j'peux pas parler à que'qu'un. C'est pas drôle, vous savez. J'manque ma mére itou. J'manque parler ensemble comme on l'faisait. Pis parler à un homme c'est pas du tout comme parler à une femme. Vous savez ça vous autres les femmes. J'ai travaillé ben longtemps avec des femmes au moulin pis j'vas vous dire qu'on s'compreniaent nous autres les femmes. On sait ben qu'y en avait qui étaient de travers, mais la plupart on s'comprenait en torguieux. On avait pas besoin de s'dire trop de mots, trop de phrases embêtantes. On s'comprenait ben et avec du bon sens. Moé j'aimais ben travailler au moulin. Ouais, j'étais weaveuse et j'faisais ben mon travail. Les boss m'aimaient itou. Maman me disait toujours que j'faisais ben mon devoir en tant que femme. Ça faisait partie de mon héritage comme le disait la Cormier. Elle, 'a aimait toujours ajouter sa toune et ses beaux mots de culture. Moé, ça m'achalait des fois toutes ces phrases de culture et d'héritage. Je sais que j'la vivait ma culture de femme canayenne ainsi que mon héritage d'un passé ben reconnu par les gens comme moé. On a pas besoin de chanter ça du matin au soir. On vit ça chaque jour dans les moulins et à maison. Je sais ben que chus canayenne de bonne souche et j'en chus fière. C'est toute. Point final. La Cormier peut ben aller s'canner comme on canne des tamates. Des tamates du jardin ben cannées. C'est don' bon.

Bon, assez de vous ennuyer avec mes paroles d'à côté d'la traque, si vous êtes tannés de m'entendre placoter. Chus pas toujours à côté d'la traque vous savez. J'ai du bon sens quand vous m'portez ben attention. Chus pas pantoute chavirée. J'sais comment vivre et parler comme y faut. Y'en a qui me connaissent pas assez pour me contredire et me virer à l'envers. Prenez moé à l'endrette pis vous me connaîtrez mieux. Assez, assez, j'dis.

A c'theure j'veux vous parler de c'qui m'a déjà beaucoup intéressé et qui m'étonne encore même aujourd'hui. C'est le cat'chisse en images de mon enfance. Pourquoi ceci m'étonne encore, vous allez me demander. C'est parce que j'voué que'que chose qui me tracasse ou qui m'intrigue, comme le dirait ma voisine, Madame Tanguay. C'est une ben bonne parsonne, Madame Tanguay. A s'mêle de ses affaires et pis 'a prend ben soin de moé et mes questions que moé-même j'peux pas répondre avec pleine connaissance des choses qui me tracassent. Chus peut-être pas trop éduquée, mais vous l'saurez que chus pas gnochonne. J'ai de l'intérêt dans plusieurs choses et j'm'intéresse dans ce qui est ma religion même si j'vas pas trop souvent à l'église. Vous savez pourquoi. J'vous l'ai déjà raconté. C'est à cause de Monsieur l'curé. Y'était bête celui-là. Mais, j'veux pas m'arrêter sur lui. C'est pas la peine, et pis j'veux pas pardre mon temps là-d'ssus. Des bêtises comme ça, c'est pas la peine de même y penser. Y faut les ignorer, les balayer pis les j'ter dans dompe comme on jette les cochonneries. Chus pas pour me mettre là à m'attarder sur que'que chose qui sent la marde, oops! Excusez-là, j'voulais pas dire ça, ça m'a échappé sans le vouloir. On dit des choses des fois sans s'en aparcevoir. Faut crère que j'ai la pensée molle ou affectée par la démence. C'est un ben bon mot la démence, vous savez. Dans notre langage ça veut dire tomber en enfance ou pardre la mémoire. Mais, savez-vous qu'est-ce que c'est la démence? Ben, j'vas vous l'dire. C'est une sorte de maladie des vieux et des vieilles comme moé qui trouble la çarvelle un peu et parfois souvent. Une maladie qui fait tourner la tête et la fait virer de bord en bord en ce qui concerne la manière de penser, et je dirais même, d'agir. Dans l'bon vieux temps, on disait tomber en enfance. Imaginez-vous, tomber en enfance veut ben dire tomber en arrière. Tout comme virer de bord au lieu d'aller drette en avant. Ça pas d'bon sens. Ça me pue au nez, vous le saurez ben, mais ça existe. J'en connais ben qui ont c'ta maladie-là. Y s'rappellent difficilement et y'ont la mémoire courte. Ben courte. Faut pas essayer de leur expliquer rien, car y s'mêle là-d'dans. Des fois y départent et s'enfargent dans leurs mots. Pauvres créatures du Bon Dieu, être si mêlées dans leur idée et leur parlement. C'est un peu comme la Tour de Babel. Vous connaissez la Tour de Babel? Ben, c'est dans l'histouère sainte qu'on apprend à l'école des soeurs. J'm'en souviens un peu de c't'histouère sainte, mais pas toute. Ben, la Tour de Babel y'ont eu d'la misère à la bâtir parce que parsonne s'comprenait pus tellement les langues étaient tordues et les oreilles farmées. Faut crère que c'était une punition du Bon Dieu. Oui, c'en était une si je m'en souviens. J'm'rappelle pas de tout ce qui était dans ce p'tit livre-là. Ça fait trop longtemps. Ben, j'veux pas passer trop d'temps sur l'histouère sainte parce que je veux vous parler du cat'chisse en images. Ben bon livre celui-là. Y'avait gros des images là-d'ans. Des images ben dessinées et très ben justes parce que ces images nous donnaient soit le frisson ou soit de la joie de mieux connaître notre cat'chisse de bonne catholique. Des frissons qui frisaient souvent la peur, j'vous en passe le mot. Comme l'image de l'enfer avec le démon et ses damnés. Quelle horrible image pour les jeunes comme moé quand j'étais sur les bancs d'école. Je vous en reparlerai plus tard. Il faut que j'commence mon histoire sur le cat'chisse en images.

En premier lieu, comme disent les gens ben éduqués, pas moé parce que chus pas éduquée, seulement un peu instruite par les années et les expériences de la vie, je veux parler du pire dessein, pas pire parce que c'est mal dessiné, mas pire parce que c'est effrayant à mes yeux: l'ENFER. C'est pas le premier dessein du cat'chisse, mais j'veux ben commencer par là. Simplement parce que j'l'veux. C'est mon histouère que je vous raconte et j'peux faire ce que j'veux avec. J'me chus toujours demandé si l'enfer existait. C'est parce que les bonnes soeurs et les prêtres disaient que ça existait, et que c'était pour punir tous ceux qui péchaient contre le Bon Dieu et ses commandements. J'dois vous avouer qu'au commencement je n'savais pas la différence entre pécher et pêcher. J'savais ben que l'un voulait dire prendre du poisson et l'autre faire du mal. J'ai appris plus tard que c'était une question de l'accent aigü et l'accent circonflexe, le é et le ê. C'est pour dire ce qu'un accent peut faire. C'est pas grand chose un accent, mais c'est très important, nous disaient les soeurs. Les accents nous donnent le bon son des voyelles, nous disaient les maîtresses. Y savaient ben des choses les soeurs. C'est pour ça qu'y étaient allées à l'école pour longtemps pour nous enseigner les mots et la grammaire. Y'en avait qui étaient ben ben instruites et d'autres un peu dommes, parfoiscraquées, je dirais. Ben, c'était par leur manière de nous expliquer les choses. Elles avaient pas l'tour. On se sentait totalement mêlés dans toute ça. Elles devaient nous éclairer, mais elles nous j'taient dans la noirceur et notre pauvre p'tite caboche ne pouvait pas en sortir de ce manque de clarté d'une tête pourtant ben ouvarte à la clarté d'esprit, comme le disait Monsieur Lantagne, un de nos voisins s'a côte. En tout cas, celles-là étaient dommes; y n'avait pas trop s'a branche. Moé qui était domme moé-même, j'ne voyais pas comment on m'avait donné une telle soeur pour m'enseigner, elle qui était presqu'aussi domme que moé.

Faut crère qu'en communauté il y a des smattes et des dommes. On abrille leur faute d'intelligence comme j'peux vouère. J'veux pas leur faire tort, mais, bonguenne, j'peux pas comprendre comment on garde de telles gnochonnes comme ça en communauté. Moé chus pas gnochonne, comme je vous l'ai déjà dit, et chus fière de mon intelligence malgré ses limites et son manque de lumière, la lumière d'en haut. C'est Madame Larose qui disait ça comme ça. J'ai trouvé ça ben amusant. Ça m'faisait rire. "C'est où en haut?" j'lui demandais. "C'est pas dans le califourchon, ma chère," me disait-elle. Madame Larose, une ben bonne parsonne. 'A m'faisait rire toutes les fois qu'a ouvrait sa bouche pour dire que'que chose. 'A l'avait une bouche croche comme paralysée, mais amusante. Était drôle, Madame Larose. Ouais, ètait drôle, ben drôle. Assez pour nous faire pisser dans nos culottes des fois tellement on riait aux éclats.

Et ben, retournons à not'e cat'chisse en images et le dessein de l'enfer et du démon. Je n'sais pas qui a inventé c'ta créature-là, mais toute ce que je sais c'est que le démon a été créé par le Bon Dieu et pis il est viré en mal de toute façon. Le Bon Dieu a pas créé le démon. Non. C'est le mauvais ange qui est viré en démon. Comme je l'ai appris, c'est le Bon Dieu qui a créé toute bonne chose et c'est lui qui est responsable de toute même le démon. C'est pas sa faute si le démon est viré mal. La soeur, 'a s'appelait Soeur Bougrèse, nous racontait un jour que le démon s'appelait au commencement Lucifer, et c'était un des anges les plus forts et les plus élevés dans toute les cieux. Un archange par dessus-le-marché. 'A nous a dit que le nom de cet archange voulait dire "porteur de lumière." J'n'sais pas où il portait ça sa lumière. Peut-être dans sa tête ou ben dans ses bottines. J'sais ben que les anges portent pas de bottines.

J'chavire-là. Ben, un jour, le Père Créateur raconte à Lucifer que son fils divin deviendrait un homme sur la terre né d'une vierge humaine et que lui, Lucifer devrait sans r'chignage l'adorer et se soumettre à lui parce qu'il était le Fils du Père, un seul Dieu en Trois Parsonnes. Lui, le fils, demeurerait Dieu, au moins une partie de Dieu. C'est dur à comprendre la Sainte Trinité avec un seul Dieu en Trois Parsonnes. Moé toujours, j'comprends pas trop ça. J'ai la caboche un peu trop vide, un peu trop louche pour ces choses-là comme le dirait Madame St. Ours. J'sais pas exactement ce que ça voulait dire, mais je l'acceptais parce que c'était Madame St. Ours. 'Est plus fine que moé, ça j'l'sais. D'ailleurs chus pas la seule qui comprend dur. C'est pas d'ma faute. Et ben, après que Dieu le Père a déclaré à Lucifer, c'était son vrai nom dans l'ciel du Bon Dieu, que c'était ça la situation, ben Lucifer a refusé de se soumettre à un Fils tourné humain parce qu'il se sentait plus haut, plus saint qu'aucun humain, il faut crère, et se fâcha contre le Père de le mettre au niveau des inférieurs alors qu'il se trouvait tout à fait supérieur à un être humain malgré que le Fils gardait sa divinité. Toute ça c'est dur à comprende à fond, j'vous l'dis. La soeur nous a dit que Lucifer pécha contre la volonté du Père et c'est ainsi qu'il fut damné par le Grand Créateur. Un déchu, comme l'a dit Soeur Bougrèse. Il est devenu Satan, le démon et le grand maître de l'enfer.

C'est ça que nous a raconté la soeur du cat'chisse en images. C'est don' malheureux qu'un si bel ange, pas seulement un ange mais un archange, fin, intelligent et talentueux comme Lucifer de tomber du ciel en enfer parce qu'il a refusé d'adorer le Fils du Père devenu homme s'a terre pour nous sauver. C'était tout un sacrifice de la part du Fils de se soumettre à la volonté du Père et de souffrir pour nous autres les humains tachés par le péché original. Ça moé j'comprends pas toute ça le péché originel simplement parce que je sens pas que moé j'ai péché et que je doué porter cette tache de nos arrières-arrières-arrières parents dans la Bible, Adam et Ève. J'ai rien à faire avec eux-autres et pis je doué souffrir le malheur de leur péché. Par dessus l'marché, c'était à cause de manger une pomme défendue, si vous en croyez l'affaire. Une chère pomme défendue.

Défendue pourquoi? J'en sais rien. La soeur ne nous l'a pas expliqué. C'était une de ces soeurs-là qui étaient un peu dommes, j'crois ben. C't'affaire-là, la pomme et le péché originel, c'est un peu dur de s'rentrer ça dans la caboche, si vous savez ce que j'veux dire. Et ben, Satan ou le Grand Déchu comme l'appelait Soeur Bougrèse, a été condamné en enfer où il règne parmi ses déchaînés et ses misérables qui rôdent la terre pour nous induire en tentation comme le dit le Notre Père, et nous faire tomber dans le péché afin de nous faire tomber en enfer. Parce qu'ils veulent peupler l'enfer, c'est toute. Satan a toujours voulu se r'venger contre le Père parce qu'il l'aguissait pour l'avoir faite tombé dans la noirceur complète. Sans aucune lumière sans même une p'tite lueur. C'est la soeur qui nous a dit ça. Moé j'la créais. Il le méritait c't'enfant d'chienne. Oops, excusez-la encore une fois. J'sais pas quossé j'ai dit quand j'me sers de ces vilains de mots. Maman m'aurait donné une claque par la tête. Satan et l'enfer, ben c'est pour ceux qui tombent. Pas moé, car j'veux pas y aller en enfer. C'est trop loin du ciel et ben trop chaud pour nous faire brûler les fesses pour toute l'éternité. Moé j'en veux pas de ça. Pantoute. Imaginez-vous s'faire brûler la couenne en enfer pour avoir écouter le démon, ce guiâbe cornu et méchant. Ça pas de bon sens. Pis, y'avait toute une suite de démons qui ont faite la même chose que Satan. Y sont mis à pas obéir le grand Créateur. Des têtes de cochons, croches, endurcies. Y'en a encore aujourd'hui. Des damnés de têtes dures et des coeurs endurcis. J'en connais plusieurs. J'vous dirai pas leurs noms. De vrais diables s'a terre, C'est don' de valeur que ceusses-là existent. Des bêtes qui nous font toujours damner. Y'a des soeurs et même des prêtres comme ça.

J'm'en cache pas. C'est don' de valeur de voir ça, la tignace du Bon Dieu. Lui les a faite bon mais y sont virés en diables s'a terre. Y faut que j'arrête de parler comme ça. J'deviens méchante pis c'est pas d'ma faute. J'peux pas les sentir ces créatures mal tournées. Ça m'donne des frissons tellement j'en ai peur. J'voudrais jamais tourner comme ça, tourner en démon. Que l'Bon Dieu me faise pas virer de bord. Ça arrive et j'me sens mal à l'aise avec c't'affaire d'une créature tournée en démon. Soeur Bougrèse nous dirait c'est parce que c'ta créature le voulait. C'est toute.

Oui, la sainte volonté libre. Ça nous met en sainte gribouille. C'est comme ça que moé je l'voué. Faut pas toujours faire à sa tête. Faut suivre la volonté du Père. C'est ça qui nous mène au ciel. C'est ça qui nous rend bonne parsonne. Ça c'est la bonne règle du devoir comme le disait Monsieur Labrecque d'sa côte. Y'avait une bonne tête sur ses épaules lui. Ça paye d'avoir une bonne tête. Ça nous mène drette sur la bonne route. Si on a une tête croche ben on déboule en bas drette dans l'fossais d'la mauvaise route. C'est comme ça que moé je l'voué. Chus pas gnochonne, vous savez. Un peu domme des fois mais pas à côté d'la traque. J'me connais. Y'a des gens qui sont trop virés de bord, complètement à côté d'la traque et qui le savent même pas. Ceusses-là j'les appelerais des damnés de foutus. Y méritent d'être jugés foutus et j'tés en enfer, mais moé juge parsonne parce que j'veux pas être jugée par parsonne. Y'a seulement Dieu qui juge. Ça, je l'sais. Dieu marci! Y'en a qui sont toujours à juger les autres. Des vrais diables. Laissez don' la job du Bon Dieu à Dieu et pas aux ignorants sans culottes. Y sont des déculottés sans cache-cache. Y s'montrent le cul et l'savent même pas. Et ben assez de ça. J'pourrais vous en conter ben d'autres affaires à faire chier les poules, mais ça suffit comme le dirait Madame Bellefeuille. Elle, a l'avait une tête et pis un bon coeur. Pas une caboche et une tripe pour un coeur. A savait se conduire Madame Bellefeuille. Pauvre elle est morte un peu après que son mari est mort. On l'avait trouvé raide comme un soûlon dans le fossais malgré qui buvait pas.

C'est ça qu'on disait. Quant à moé y s'cachait pour bouère. J'le juge pas mais c'est trop claire que l'bonhomme Bellefeuille était soûlon en cachette. Pauvre elle a trouvait des bouteilles et des bouteilles partout mais a l'disait à parsonne. C'est Flora Boisvert qui me l'a dit un jour alors qu'on chiquait les deux…à cachette parce qu'on voulait pas que l'monde le save qu'on chiquait. Rien de mal là-dans mais fallait éviter les mauvaises gueules, vous savez. Ah, les mauvaises gueules qui font du tort avec leurs langues. Y déchirent la réputation des pauvres gens comme moé qui fait mal à parsonne. Faut s'watcher vous savez parce qu'on peut s'faire manger la laine sur le dos. Comme des pauvres brebis du Seigneur. Lui y protégeait ses brebis même y allait crie une qui était pardue. Ça c'est d'être un bon berger. C'est la Bible qui nous l'dit. J'connais ça la Bible.

J'la lis à toutes les jours. Chus catholique même si j'vas pas à messe de Monsieur l'curé. Ça c'est une autre histoire comme j'vous l'ai dit.

Et ben, retournons à l'image de l'enfer dans le cat'chisse en images. Ma foi, c'est épeurant c't'affaire-là. Ça pas d'bon sens nous effronter avec ça. Un démon assis sur son cul dans les flammes, les bras tendus et tenant dans sa main gauche une grosse fourche à trois grosses dents et qui nous montre ses deux ailes brûlées et endurcies comme de la fonte nouère. Pas des ailes d'ange, mais des ailes de démons. Mautadit niaiseux! C'est un niaiseux en verrat.

J'm'en cache pas. Y sait pas ce qu'il fait et pis encore moins ce qu'il veut faire avec son enfer. Y peut pas s'en cacher, y'est damné c'est toute. J'ai jamais vu un torguieux de damné comme lui. Y m'fait peur à m'en confesser au prêtre. C'est-tu un péché mortel de haïr une créature du Bon Dieu comme ça même si yé un démon? Pourtant on devrait pas haïr parsonne. *Anyways*, c'est pas une parsonne pantoute.

C'est un démon. Y m'fait frémir, celui-là. J'aime vraiment pas c't'image-là. Mais, c'est la soeur qui nous faisait r'garder quand ben même si on voulait pas. 'A nous forçait de la r'garder. Mautadite soeur de Bougrèse. J'ai encore la chair de poule même en pensant à ça. J'devrais toute mettre ça de côté mais j'peux pas me n'empêcher. C'est plus fort que moé. Ben allons-y quand même.

Pis, ce mautadit guiâbe cornu nous r'garde drette dans les yeux comme si on pourrait don' brûler avec lui comme des autres démons. Pas de saint danger! Oh, non, pas moé.

J'l'sais ben que chus pas la plus sainte au monde. Moé aussi j'ai des défauts, mais chus pas une damnée, je vous l'assure. Chus loin de l'être. Chus sauvée parce que j'l'sais dans mon coeur. C'est pas de s'en faire accrère non plus. J'l'sais et je m'en cache pas. Les damnés sont ceux-là qui trichent et qui font du mal et qui ont la conscience large assez pour s'en confesser, mais y s'mettent pas à g'noux au confessional. Je l'sais. Y'en a, vous savez, qui font du mal à toute le monde du matin au soir sans en avoir regret, sans même pas filer mal d'avoir faite ce qu'y ont fait. Ça, c'est un péché mortel. Soeur Bougrèse nous l'a dit, y'a longtemps. Moé, j'garde ça dans mon coeur et ma conscience à moé. Est claire ma conscience. C'est pour ça que ces gros pécheurs vont aller drette en enfer avec le beau fouette, le guiâbe, Satan. Je leur souhaite pas mais les méchants ont déjà leurs places en enfer. C'est d'valeur pourtant. Le Christ a tant souffert pour eux-autres comme pour nous autres. Pour toute le monde.

C'est ça le salut, vous savez. Ben oui, ça veut dire être sauvé. Sauvé de l'enfer. Du trou noir avec Satan, le méchant. Le ciel est pas ouvert pantoute pour les déchus. Y sont damnés, vous comprenez. Damnés pour toujours, Pour toute l'éternité, bon. Quel dommage.

Mon amie irlandaise disait *"What a waste!"* J'lui disait *"No, my dear,"* c'est jamais une perte de grâces pour le Bon Dieu. C'est qu'il faut pas perdre l'espoir. C'est toute. Le Christ perd jamais l'espoir de sauver une âme. C'est ça que disait la soeur Bougrèse. Avait raison la soeur, parce qu'il faut jamais perdre l'espoir. *"But look at what happened to Judas,"* a m'disait. Pis moé j'lui disais, *"Nobody knows, my dear."* Y a qu'un seul juge, c'est le Bon Dieu à la fin de nos jours.

Lui seul le sait si Judas a été damné ou non. *"I know, I know. He's fair and* miséricordieux,*"* a m'disait, *"What's that?* miséricordieux, *anyhow?"* *"Merciful, my dear, I know English too."* J'savais pas toute mais j'pouvais m'arracher. J'étais pas domme, pantoute.

Tout autour de ce guiâbe mauvais comme un chien déchaîné dansent des petits démons. Y'en a des tas de p'tits démons. Faut crère qu'y a eu des démons depuis des années et des années. J'espère ben qu'y aient autant de saints dans l'ciel qu'y a des démons en enfer. Mon doux Seigneur, ça fait pitié de voir tant de damnés en enfer. Je sais ben que c'est seulement une image, mais ça doit être vrai parce que celui qui a fait cette image en connaissait assez pour dessiner la vérité. Chus sûre que c'était pas un menteur. Ça des mentries ça m'pue au nez.

Et ben, pour parler des p'tits démons en enfer, il faut que j'vous dise qu'il y en a des douzaines et des douzaines de p'tits damnés. Peut-être plusse. Oui, y sont damnés parce qu'y sont en enfer. C'est toute. J'lvoué ben de mes yeux. Allez pas me contredire. Chus pas ben ben fine mais chus pas gnochonne. Y'en a tout autour du grand feluette de démon, Satan, et pis y'en a qui grimpignent icitte et là pour essayer de s'rendre en haut, y faut crère. Qu'est-ce qu'y a en haut? Je sais pas. Seulement y'a une ou deux douzaines de ces p'tits démons qui essayent de s'rendre en haut de ce grand mur peut-être pour sortir de l'enfer. J'sais même pas si on peut sortir de l'enfer. Y'a toutes sortes de démons dans ce desseins. Faut crère que celui qui dessinait avait toute une imagination. Assez pour en imaginer des p'tits, des grands et des vraiment lettes assez pour nous faire pisser dans nos culottes. C'est ça qui m'arrive quand j'ai vraiment peur, vous savez. C'est-tu drôle que je pisse dans mes culottes quand j'ai vraiment peur et quand j'ris aux éclats. C'est-tu drôle un peu.

Et ben, je r'tourne à l'enfer, pas que je chus là-d'dans mais j'veux dire à l'image du cat'chisse. Faut crère que l'enfer existe parce qu'on en parle et pis on a des images de l'enfer. Pas autant que des images saintes comme l'image la Bonne Sainte Vierge, l'image de Sainte Thérèse-de-l'Enfant-Jésus, l'image des saints Martyrs Canadiens, l'image de Sainte Véronique, celle qui tient un vouèle avec la face de Notre-Seigneur quand elle l'a rencontré sur le ch'min de la croix à Jérusalem. J'en ai une de cette image. 'A m'a été donnée par Madame Saint-Ours de la rue Foronite. J'l'aime ben. A fait partie de mes dévotions de chaque jour. C'est ma mére qui m'a montré à faire ces dévotions.

Encore pardu et pas rendue à faire l'explication de l'image de l'enfer. Ben, j'vas vous dire que c'est comme tirer l'diable par la queue. Ça m'pue au nez de faire ça mais y faut que j'l'fasse si j'veux en finir avec cette image-là. J'aimerais ben le tirer ce diable par sa queue et je le f"rais virer et virer en rond au-d'ssus ma tête pour y donner une vraie volée de misère. Ça y donnerait le vardigo et pis 'y nous achalerait peut-être p'us une fois étampé raide comme un chat mort.

C'est pas de ma faute si je l'aime pas mais 'yé vraiment aguissable. Assez pour en faire une chaudronnée de vieux torchons, comme le disait maman. Elle avait toutes sortes de manières de virer les choses de bord, ma mére. Elle était fine et ben intelligente, ma mére, pas comme moé. Elle a jamais été à l'école non plus. A toute appris ça par elle-même. Elle était smatte comme une vraie maîtresse d'école. Encore ben plusse smatte que la Soeur Bougrèse. Ma mére, 'a me montrait des choses pas dans des livres d'école mais des choses qui nous sont pratiques comme faire la vaisselle comme 'y faut, faire les littes comme 'y faut, pas de mauvais plis, faire des cannages, faire le ménage sans laisser trop de poussiére sur les bureaux, faire des tartes et des tourquiéres, et ben des choses. Toute était dans sa tête à elle, pas rien d'écrit comme les récettes des autres. Si 'a demandait une récette à que'qu'une de ses amies, ben 'a l'écrivait pas, 'a la mettait dans sa tête et pis 'a s'en souvenait. Bonne mémoire, ma mére. Une mémoire de chien.

Câlisse! Excusez-là, j'veux pas sacrer, mais j'perds le fil de ma pensée comme le dirait ma mére. Ben, l'enfer a des démons et des monstres qui traînent les pauvres damnés par le cou avec une corde et ils les font débouler en bas dans les flammes. C'est pas que l'image! A drette y'a des gros sarpents qui dévorent ou les entourent pour les écraser.

D'autres sortent des gueules ouvartes et encore d'autres qui s'font pousser au désespoir j'cré ben. Drette au plein milieu au-dessus de la tête de Lucifer le gros boss malin il y a une grosse horloge sans nombre excepté l'aiguille qui est arrêtée sous le mot ÉTERNITÉ et pis drette en d'ssus il y a les mots TOUJOURS à gauche et JAMAIS à drette. Ça, ça veut dire que ces pauvres bêtes des humains damnées en sortiront jamais. Jamais veut dire jamais pour toute bon.

Ma foi, l'éternité. Ça m'fait peur, vraiment peur, c't'affaire-là l'enfer. Pourquoi effrayer le monde comme ça? Ben, Soeur Bougrèse nous disait que c'était pour empêcher le monde de pécher. Que la punition était sévère, plusse sévère que la strappe. Moé, j'savais pas ce que c'était la strappe parce que je l'ai jamais eue. J'étais ben peureuse et d'abord j'obéissais toujours sans me faire tourmenter. Les gars surtout, eux-autres l'avaient souvent sur la main. La main tournait rouge, rouge comme du sang tellement ça faisait mal. Les gars s'en foutaient ben. Y'en avait qui riaient de ça et on voyait que la soeur avait les yeux mauvais, mauvais comme une vieille chatte enragée.'A sortait sa rage par les yeux. Ils étaient plein d'étincelles de feu. Ça nous faisait peur. On s'enfonçait dans notre banc pis on s'farmait les yeux serrés comme nos poings.

Aujourd'hui j'en ai plusse peur de ce trou-là de l'enfer parce que chus pas méchante ni une révoltée contre le Bon Dieu et ses commandements. Chus une bonne catholique. Pas à gros grain comme il y en a. C'est vrai que j'vas pas toujours à messe le dimanche mais chus fidèle à ma religion et je récite mes prières. Ma mére m'a toujours dit que les bonnes filles comme moé on iraient drette au ciel. Pas en enfer. J'la cré ma mére. Bonguenne, je n'sais pas pourquoi on invente des images comme ça pour nous épeurer. C'est peut-être parce qu'il y en a qui veulent faire peur au monde et abrier les bonnes grâces du Bon Dieu en leur disant que le diable est plus fort que l'Seigneur. Yé pas plus fort, yé damné pour toute l'éternité à cause de sa torguieuse de tête de têtu. C'est un mautadit verrat de bête malendurante qui n'a pas voulu écouter le Bon Dieu quand le Bon Dieu lui a demandé d'honorer, non, adorer, son Fils, le Saint Sauveur. Moé, c'est ça que j'cré jusqu'au fond de mes bottines. Y en a qui créent pas dans toute ça, mais c'est pas une blague que je vous raconte, c'est du vrai parce que les soeurs et les curés le disent et on écrit des cat'chisses en images pour nous faire crère. Y'aurait pu le faire un peu moins de dru à ma propre pensée, mais que voulez-vous, chus pas assez *bright* pour prendre ma parole à moé. Toute ce que j'ai d'la misère à comprendre c'est pourquoi y'a des enfants en enfer.

Toutes ces p'tits démons qu'y a dans l'image. Y'en a des grands et des p'tits comme j'vous l'ai dit. J'm'imagine pas ça. C'est dans l'image. J'vois assez clair pour pas imaginer des choses comme ça. Moé j'dis, les enfants sont pas assez méchants pour être damnés. Des fois y sont mauvais et pis y s'fâchent, mais j'croirais ben que c'est pas un péché mortel. Surtout pas les bébés. Pauvres bébés qui pensent même pas pour commettre des péchés comme le grand monde. C'est ça que j'me dis et chus pas sans-dessein. Pantoute. Faut être vraiment méchant pour aller en enfer. Méchant comme un tueur ou une salope de putain manquée. J'sais pas. Chus pas une femme qui connaît les lois de Dieu et de l'Église. Chus une simple clineuse de ménage comme ma mére me l'a montré. J'ai travaillé au moulin pendant quarante-cinq ans pis j'ai arrêté quand j'en pouvais pus. Une weaveuse peut en prendre tant, pis 'a commence a pardre ses forces. 'A devient molle comme d'la gomme mâchée. 'A peut pus, 'a peut pus souffrir le moulin. C'est trop pour elle. Y'en a qui meurt avant de s'r'tirer. C'est don' de valeur de travailler toute sa vie et tomber malade assez pour en mourir sans jouir du restant de sa vie. Ça c'est d'être la victime du moulin, toute comme Yvonne Lachance qui est morte sur le plancher du moulin. Oui, est morte tout d'un coup. Morte raide. Pis, elle qui avait huit enfants, encore des jeunes qui avaient besoin d'une mére. Son mari l'avait laissée. C'est elle, pauvre elle, qui gagnait la vie pour sa famille. C'est ben ça qui l'a tuée, qui l'a emportée, vidée de toutes ses forces de femme. Chus sure qu'a jamais joui d'la vie, pauvre elle. La vie s'a terre pour elle c'était comme son enfer. C'est ça que j'dis. Était pas damnée mais elle a souffert sa terre et moé j'dis qu'a gagné son ciel. Les pauvres gens du moulin ont gagné leur ciel. J'en chus sure. C'est ça que disait Madame Laflamme s'a Cleaves. 'A savait ben c'qu'a disait. 'Y faut pas s'farmer les yeux sur la misère du moulin. C'est ben bon le moulin pour nous donner des jobs, mais saprédon ça donne aussi des cravasses si vous me comprenez.

Bon en fin de compte, l'enfer, ma chère, ça existe pour les damnés, c'est toute. Moé chus pas damnée ni mon Willé et ni même pas mon pauvre pére, le saoulon d'la famille. Était bon coeur, mon pére. Y'aurait donné toute dans ses poches à n'importe qui qui y en demandait. Généreux comme un pape, mon pére. J'pense ben que le pape garde pas d'argent dans ses poches. Y vit aux dépens des autres, des bons catholiques comme moé et ben d'autres. J'donne pas gros mais j'donne quand y'd'mande de donner pour le pape. Y'a besoin de vivre lui aussi. En anglais y appelle ça, *Peter's pence*. J'sais pas ce que ça veut dire, mais c'est ça que la Farley dit. Ça m'dit la panse à Pierre. C'est-tu drôle un peu. Ha! Ha!

Si on compte toutes les cinq cennes et les dix cennes avec les vingt-cinq cennes, ben ça monte à des piastres ça. Y'en a qui donne pas mais nous autres les p'tits généreux comme mon pére, ça montait à une grosse somme d'argent. Ça c'est à travers le monde. Pensez-y ben. Y'en a à Rome qui s'liche la patte, j'croirais ben. Faut pas y penser parce que ça nous ferait penser à l'enfer. J'veux pas penser à l'enfer. Ça m'donne des frissons. C'est toute.

PREMIÈRE PARTIE: L'IMAGE DE L'ENFER

Lorsque je r'garde dans mon cat'chisse en images et j'tourne à la page où j'trouve l'image numéro 17, j'voué le grand dessein de l'enfer. J'n'sais pas si j'devrais m'arrêter sur c't'a page-là. Ça m'donne des frissons, des frissons de frette et de peur. C'est vraiment épeurant c't'affaire d'enfer et le démon. Pourquoi s'bâdrer de ça, je me d'mande. C'est fou, c't'affaire-là. Pourtant ça doit exister puisque c'est dans mon cat'chisse. Les grands bonnets de l'Église doivent avoir passé en masse du temps à penser à ça l'enfer. Pis, y'ont dû discuter entre eux autres pour en v'nir à ce qui est dans ce dessein. C'est vraiment horrible. Le dessinateur doit y avoir mis beaucoup de temps et de pensées là'dans. J'me demande si ça lui faisait peur d'faire ça. Y savait ben qu'il ferait peur à ceux qui liraient le cat'chisse en images.

Surtout les enfants. C'est presque les scandaliser.

J'vous ai déjà parlé de l'image de l'enfer mais pas à fond. Chus un peu détraquée avec elle. Y faut que j'me mette au sérieux comme me disait Madame Lafortune des Dames de Sainte-Anne. Une ben bonne catholique celle-là. Un peu trop catholique pour moé mais 'a l'a du bon sens quand 'a veut. Ben, allons y. Y faut que j'm'attelle et que j'me mette à penser mieux que ça. Faut ben parce que les gens penseront que chus un peu folle. Chus pas folle. Un peu à côté de la traque des fois, mais chus pas folle. Pantoute.

Y'en a qui me crèyent folle et je leur souhaite bonne grâce que ça ne leur arrive pas, mais chus pas folle. J'ai toute mon idée et pis j'la use à plein train. Assez de ça. C'est l'temps que j'd'écrive plusse en détails ce que j'voué. La mautadite page de l'enfer dans mon cat'chisse en images.

Il y a drette dans le milieu de cette page un démon cornu assis devant une grosse horloge où on peut lire en grosses lettres, "TOUJOURS—JAMAIS. Faut crère que ça veut dire qu'une fois entré dans l'enfer c'est pour toujours et pis jamais en sortir. J'sais que j'vous l'ai déjà dit mais je l'répète. Ça c'est longtemps, mon chum. Toute une éternité. La soeur qui essayait nous expliquer que ça voulait dire l'éternité, ben elle nous donna des exemples comme une ben grosse boule dure comme du fer qui s'balance dans l'air et à toutes les cent ans un p'tit oiseau vient la toucher, juste un peu de son aile drette, et pis quand la grosse boule sera toute disparue, frottée comme du papier sablée et ben l'éternité commencera seulement. Elle nous donna aussi l'exemple du sable de la mer. Si un p'tit oiseau vient à toutes les mille ans et pis y prend dans son bec un seul grain de sable pour le transporter ailleurs, et ben quand toute l'sable aura disparu, ben l'éternité commencera. Ça c'est longtemps en verrat! J'pouvais pas m'imaginer la grosse boule disparaître comme ça et pis toute l'sable de la mer vidé à plein. J'pouvais pas faire ça. Et ben, l'éternité en enfer c'est comme ça qu'on peut la voir pas de ses yeux mais de son imagination. Mon imagination travaille pas toujours comme a devrait. J'vous l'dis, chus des fois à côté de la traque. C'est pour dire que si l'éternité en enfer est comme ça, l'éternité au ciel doit être aussi long et endurant mais avec beaucoup plusse de plaisir, j'vous l'assure. Y fait beaucoup moins chaud aussi. Ça c'est une blague qui vous fera sourire.

Si je regarde la page d'à côté, j'vois des explications et je lis: L'enfer est un lieu de tourments où les damnés sont séparés de Dieu et brûlent avec les démons dans un feu qui ne s'éteindra jamais. Wow! C'est difficile à avaler. Brûler à jamais veut dire brûler au vif comme on s'brûle le doigt, la main, la face ou les fesses soit avec le feu ou l'eau chaude, bouillante. Ça, ça fait mal, vous l'savez ben. J'me chus brûlé les fesses une fois avec de l'eau ben bouillante en varsant l'eau dans une grosse cuve et pis j'ai tombé les fesses dans l'eau. J'vous dis que j'me chus vite relever de là. Pis, ça c'était avec ma jupe et mon corsat. Mais, ça passé à travers mon butin. Pis, j'avais les fesses rouges comme du feu. Maman a mis de l'onguent dessus et j'ai souffert pendant des jours de temps. J'pouvais même pas dormir sur le dos. Y fallait que je m'couche sur le ventre. Pis, ça c'était même pas le feu de l'enfer. Vous pouvez don' imaginer comment ça brûle le feu de l'enfer. Ça me met le feu aux fesses. Riez pas de moé, vous autres.

Dans le grand dessein y'a beaucoup de choses à voir et à commenter. J'veux dire parler de chaque chose qui nous apparaît devant les yeux. Y'a d'abord en haut de la page du dessein, eux-autres disent le tableau, il y a sept ouvertures avec sept différentes grosses lettres, pour les sept péchés capitaux: O pour l'orgueil, A pour l'avarice, L pour la luxure, E pour l'envie, G pour la gourmandise, C pour la colère, et P pour la paresse. J'comprends pas toutes ces péchés. J'crois pas que j'les commettes toutes. Quand on sait pas ce qu'on commet, alors c'est pas péché, j'croirais ben. On nous a dit, que pour commettre un péché mortel, y faut savoir et vouloir ce qu'on commet. Ça, ça du bon sens. Chus pas gnochonne comme je vous l'ai dit mais chus pas trop *bright* comme vous le dirait Mrs. Farley d'à côté. C'est une bonne voisine la Farley mais elle parle pas français.

Seulement que'ques mots comme vas chier, allo, et demain. J'ai essayé d'y dire de ne pas dire "vas chier" mais elle aime le dire à ceux qui la faisent fâcher. C'est une ben bonne parsonne quand même. J'y ai dit d'aller à confesse pour avoir dit de telles insultes. "*God forgives me. I'm an old Irish biddie,*" 'a m'dit, et je la cré.

En tout cas, j'vous en reparlerai plus tard des péchés capitaux. J'essaye de suivre les pages du cat'chisse. Mais pour l'instant je vous parle des signes pour ces péchés-là. Je sais que O pour l'orgueil veut dire et A pour l'avarice itou. Quant à la luxure, j'connais rien là-d'dans. Y faudrait que j'd'mande à Monsieur l'curé, mais je l'aime pas Monsieur l'curé , j'dis pas son nom pour pas l'insulter, mais j'attends quelqu'un que je truste et pis j'y demanderai ce que veut dire la luxure. Ça doit pas être trop important parce que jamais j'ai commis la luxure. Je m'e demande si c'est parent avec le savon LUX. Quant à l'envie j'me demande si c'est ça avoir envie comme de pisser vite ou l'envie d'avoir que'que chose. Avoir envie de pisser, c'est certainement pas un des péchés capitaux. La gourmandise, ça j'connais ça parce que ma mère me le disait souvent surtout si je mangeais trop à grosse gueule, comme elle me le disait.

Manger à grosse gueule veut dire manger avardement, comme elle me le disait. Y faullait pas manger trop vite et pas la bouche pleine. Surtout dans l'temps du carême quand on devait faire sacrifice. Quant à la colère, ben j'me fache assez souvent mais pas comme une déchaînée. J'me mettais en colère si que'q'un insultait mon Willé, mais d'habitude je gardais la tête ben drette et ben *cool* comme me le disait Madame Farley. Enfin il y a la paresse. Je sais ben ce que veut dire être paresseuse, et j'vous l'dis que la paresse n'est pas un de mes péchés. Chus vraiment pas paresseuse. Nous autres on dit lâche mais c'est la même chose. Mais, j'dois vous dire que la maîtresse, Mademoiselle Légendre, la vieille fille qui nous a enseigné à l'école des soeurs parce qu'il n'y avait pas assez de soeurs, elle nous a dit de regarder dans le dictionnaire et on trouverait la vraie signification de "lâche." La signification, ça c'est un beau mot pour dire la définition. Eh ben, lâche veut dire dans le dictionnaire, peureux. Y doivent avoir faite une faute là.

Peureux c'est peureux et lâche veut vraiment dire paresseux. C'est une question de savoir dire la bonne vérité des choses. J'l'ai demandé à ma mère pis a m'a dit de croire la soeur pis c'était toute. J'lui ai dit que c'était pas la soeur qui avait dit ça mais la vieille fille Légendre. Ma mère m'a dit de suivre ce que la dame nous avait dit et que c'était pour ça qu'elle avait été à l'école supérieure. 'A même été au collège, j'lui ai dit. Ben ça ben plus de bon sens qu'elle sache ce qu'elle a dit. Faut crère ceux et celles qui vont à la haute école. Ça ben du bon sens C'est ben pensé.

Au d'ssus de chaque lettre il y a un animal qui symbolise le péché représenté. Pour l'orgueil, c'est le paon. J'n'ai jamais vu un paon. Ça doit être un ben bel oiseau. J'en ai déjà vu un dans un magazine. Il avait un très bel éventail de plumes en arrière de lui. Ma mère disait souvent "fier comme un paon." 'A disait jamais orgueilleux comme un paon. A côté de ça il y a un crapaud pour l'avarice et un bouc pour la luxure. J'sais pas pourquoi ces deux animaux. J'ai jamais entendu le mot bouc excepté pour une bouc s'a tête pour les filles. Pis, il y a un serpent pour l'envie et un pourceau(c'est un cochon mais la soeur disait un pourceau, ('a parlait comme une soeur c'al'-là) pour la gourmandise. J'vois pas du tout le serpent pour avoir envie. Quant au pourceau, ce doit être un porc ou un cochon comme j'l'voué. Du porc c'est pour la viande chez nous. Enfin, un lion pour la colère et une tortue pour la paresse. Oui, une tortue car c'est slow une tortue. Ça marche ben lentement. C'est peut-être à cause de sa carapace si grosse et si lourde. Ben, les voilà les sept péchés capitaux en enfer. Ceux qui les ont imaginés et ceux qui les ont dessinés ont eu ben du talent. Ça frappe l'âme et la çarvelle, j'vous l'dis.

J'ai pas besoin de m'en confessé ces mardits péchés capitaux, parce que j'les commets pas ces péchés-là. J'ai seulement des petits péchés sur la conscience, comme bavarder contre les voisins, mentir à Willé des fois, mais j'lui disais pas mal la vérité tout l'temps. Seulement quand y m'raconte des histoires de la *bar room*. Ça c'est ennuyant et j'y dis que ça m'intéresse quand c'est pas du tout vrai. Ça m'ennuie à mort.

Ensuite, en bas des péchés capitaux il y a tout un tas de démons cornus, et des damnés noirs comme le poêle, dirait ma mère. C'est drôle qu'on parle seulement des péchés des hommes et pas des femmes. Alors, j'me demande si y a des femmes en enfer. Y sont peut-être toutes au purgatoire. Je l'sais pas.

Toute un plein milieu de toute ça ces affaires de démons et de méchancetés. Oui, c'est donc méchant c'ta rapace d'enfer. Il y a le gros cadran de "Toujours" et "Jamais" et en bas il y a le ben gros démon, Satan. Satan cornu, avec des grosses ailes, et une fourche à la main. C'est lui qui commande; c'est lui qui nous fait tomber avec ses tentations, nous disait la soeur qui nous enseignait le cat'chisse en images. C'est lui le gros méchant aux yeux de braise, comme disait Madame Lajeunesse. 'Est partie, Madame Lajeunesse, 'est morte il y a deux ans. Mon Dieu, elle avait don' peur d'aller en enfer. Pourquoi? Parce qu'elle m'a dit qu'elle avait commis le gros péché de se séparer de son mari qui était ivrogne. Je lui ai dit, "Écoutez, Madame Lajeunesse, vous êtes une ben bonne parsonne. C'est votre mari qui va aller en enfer, maudit saoulon. Y la fessait, y depensait toute sa paye le vendredi soir à la barroom, et pis y la vargeait d'insultes et de sacres. J'vous dis que c'était un vrai vaurien, son mari. A part de ça, y courait les femmes.

Un vrai démon qui mérite l'enfer. J'sais ben que c'est pas à moé de juger les autres. C'est au Bon Dieu, mais vraiment là y'en a comme lui qui font damner les autres. Y sont des démons s'a terre. C'est toute ce que j'veux dire là-d'ssus.

Et ben, v'là ma description de l'image de l'enfer. 'Est peut-être faite par saut et par butte parce que l'idée me trotte des fois, mais je l'ai faite aussi mieux que ma tête me la faisait dire avec des mots qui sortaient de ma tête des fois emberlificotée. Ça veut dire embrouillée. C'est toute un mot celui-là et j'm'en sers peu souvent mais j'aime ben le dire quand l'occasion se présente comme icitte. C'est juste pour vous montrer que chus pas toute à faite domme et mal éduquée. J'ai un peu de bon sens dans l'éducation d'une parsonne pas toute à faite douée de la cervelle. 'Est pas creuse ma cervelle, mais est pas toute à faite remplie comme 'a devrait l'être. Avec le temps 'a s'est remplie de toutes sortes de choses, le ménage, le moulin, l'école des soeurs, l'église et les curés, mon Willé qui est mort brûlé en vie dans ce gros bâleur d'acide, ma foi, j'en pleure même aujourd'hui, la mort de ma mére et de mon pére, les pleurs de mes ennuis toute seule, et pire, toutes les troubles de vivre seule en plusse de pas avoir eu des enfants à moé, toute ça ma donné des cravasses et des tornons de mals de coeur. Vous savez mieux que moé que ces affaires-là ça nous met en câlisse et plein de mots qui nous arrachent le coeur. J'veux pas les dire ces mots-là parce que ça sonnerait méchant et pas bonne demoiselle, comme le dirait ma mére. Ma mére m'avartissait du jour au soir d'acter comme une vraie demoiselle et pas comme une débauchée qui rôdent les rues le soir. Chus pas comme ça. Pantoute. Chus une bonne parsonne. Les sacres et les blasphèmes, ça c'est pour les soûlons et les craqués comme le beau fouette Laprise-le-menteur. Ben ma mére a toujours eu l'idée que j'deviendrais raffinée et ben polie avec le temps. Ça j'en veux pas de ce raffinage et les bonnes maniéres des riches de la paroisse. 'Y s'font accrère et pis 'y lèvent le nez en l'air comme des saint-ni-touches. J'en veux pas de ça. Pantoute. Ça m'pue au nez, c'est toute. Comme l'image de l'enfer me pue au nez. Pourquoi ce cat'chisse en images qui nous donne des images qui nous font peur et nous mettent des fois en rage au dedans. Mautadit cat'chisse en images.

Verrat cat'chisse. Mais, y'a d'autres images pour nous soulager le coeur. J'vous en parlerai.

DEUXIÈME PARTIE : LE SYMBOLE DES APÔTRES

Le Ciel et la Sainte Trinité

J'veux me séparer de l'enfer pour aller chercher de quoi de ben loin de là comme le ciel qui s'trouve au commencement du cat'chisse. J'ai voulu commencer avec l'enfer parce que je trouvais c'là horrible et je voulais en finir une fois pour toutes.

Le cat'chisse commence avec le Symbole des Apôtres. J'lis que c'est les apôtres qui nous ont donné ça. Ça doué faire longtemps, plusse longtemps que mes parents et mes ancêtres et ben avant eux-autres itou. Ça fait partie de l'histoire sainte qu'on apprenait à l'école des soeurs. C'est la seule école que moé j'ai fréquentée. 'Y 'a plusieurs chapîtres dans cette partie-là. J'lis et pis je reconnais que le Symbole des Apôtres c'est une profession de foi. Ça, j'l'savais parce que la Soeur Bougrèse nous l'avait déjà dit. 'A chantait ça chaque fois qu'un élève 'y d'mandait d'expliquer le Symbole des Apôtres. Ça en devenait tannant. Quant à la Sainte Trinité, j'ai jamais compris toute à faite ce que c'était. Trois parsonnes en Dieu, on disait. Comment peut-on mettre trois parsonnes en une seule, j'me demande. Ça doit être serré en diable. Une par dessus l'autre. Une à côté de l'autre. Ça doit être *tight* en verrat. Mais je dois me mettre à lire le cat'chisse pour ben comprendre ce que c'est la Trinité.

Premièrement j'comprends pas le mot Trinité. Ça doit être un mot inventé par des gens ben éduqués de la haute école. Peut-être que'qu'un dans un séminaire où on fait des prêtres ou ben même à Rome avec le Pape et ses cardinals toutes habillés en rouge. C'est ben beau un cardinal habillé en rouge des pieds à tête même les souliers. Il ressemble à l'oiseau, le cardinal. J'aime ben cet oiseau. J'en voué un de temps en temps dans ma cour en arriére. Ben ben beau ce rouge-là. En tout cas, j'vais trouver le mot Trinité dans le Dictionnaire Larousse et j'vous dirai où vient ce mot. La Sainte Trinité. Mon Dieu, c'est don' bon de savoir où vient toutes ces beaux mots. C'est-tu beau d'avoir une bonne éducation comme y'en a ben. 'Y sont chanceux ces gens-là. Ben j'l'ai trouvé ce que ça veut dire le mot Trinité et où ça d'vient. Bonne chance que j'sais lire et écrire. Ma mére me l'avait pourtant dit qu'un jour ça me porterait profit. Ma mére avait du casque et un gros grain d'intelligence. Faut crère que j'ai hérité ça de ma mére.

Ben Trinité veut dire selon mon dictionnaire "triple". J'n'sais pas ce que ce mot veut dire mais je l'ai r'gardé dans le dictionnaire et ça veut dire trois. Et ben, ça j'l'savais que la Trinité voulait dire trois. J'ai pas besoin d'un dictionnaire pour me dire ça. Trois parsonnes en un seul Dieu. C'est ça la Trinité. Ce qui me trompe c'est pourquoi il y en a trois pas quatre, pas cinq, pas six. Ça s'erait toute une potée de parsonnes. J'dis ça pour rire seulement. En tout cas, je r'garde l'image de la Trinité et j'vois un vieux bonhomme avec la grande barbe blanche assis dans un grand triangle, je n'sais pas pourquoi, avec Jésus Christ crucifié sur la croix, les bras étendu et le Père tient les deux côtés de la croix. Pis, au-dessus de la tête du Christ, j'aime pas dire ça le Christ parce que ça sonne comme un sacre, 'ya le Saint Esprit en colombe. Faut crère que celui-là n'a pas de corps humain. Ça s'peut-tu qu'y est un oiseau, une colombe. La soeur nous disait que la colombe représentait le souffle et l'amour de la Trinité. Me semble qu'on aurait pu y donner un corps à celui-là itou. C'est pas à moé de donner un corps au Saint Esprit mais y'aurait eu plusse de vie en lui, j'cré ben parce une colombe est seulement un oiseau, pas une parsonne. Et ben pourquoi don' on dit qu'y'a trois parsonnes en Dieu si y'a seulement deux parsonnes et un oiseau, j'm'demande. Ça sonne un peu étrange c't'affaire-là. Que voulez-vous, c'est pas moé qui contrôle les affaires du Bon Dieu. C'est pas moé qui met les pattes aux mouches, comme le dirait Madame Grenier de la basse ville. Elle a sait comment s'faire entendre. Mais on l'a comprend pas toujours avec ses dictons du Québec d'antan. Ça veut dire du passé, un passé en arrière. Les gens du Québec avaient l'tour de dire les choses. Nous autres aujourd'hui on a pardu ce tour-là. C'est ben de valeur, nous dirait mon grand-pére.

LA CRÉATION

Ensuite, c'est l'image de la création. 'Y'a toutes sortes de choses dans c't'image-là. J'veux dire 'y a rangée sur rangée des ronds à mi-ronds. Comme des bosses peut-être. Ou comme des arcs-en-ciel sans couleur avec des images qui sortent du haut. Ben tout en haut 'y a le pére, ce vieux bonhomme avec la barbe blanche, les mains croisés comme si 'y avait rien à faire. Un fainéant comme on dit chez nous. Y fait rien. Pourtant le Bon Dieu c'est pas un fainéant. Y'a fait et pis il continue à faire qu'que chose j'en crèrais ben.

Je sais que dans le "Notre Père" qu'on récite chaque jour, on lui demande de nous donner notre pain quotidien. Ça c'est qu'que chose qu'y fait. Y doué faire du pain pour nous en donner pis y doué en faire en masse parce qu' y en a du monde s'a terre. Je n'sais pas qui le distribue toute. Ça doué être les anges. Y'en a des milles et des milles. Pas seulement les anges mais les archanges et tous ces chérubins et les séraphins et d'autres que moé j'connais pas. Comme on dit chez nous, y'en mouille.

J'doué vous dire que tout l'monde ou presque toute excepté les Chinois, mange du pain. Le pain c'est ça qui reste sur la table de tout l'monde. Du bon pain de ménage, pain fait à la maison comme ma mére le faisait et ma grand-mére itou, ça c'est du bon pain. Surtout quand y'é encore chaud. La mie pis la croute pis toute, comme on le disait chez nous. Quant aux Chinois eux-autres, y mangent du riz. C'est ça que disaient les bonnes soeurs quand elles nous parlaient des missionaires et des païens à convartir. C'est pour ça qu'on mettait nos cennes dans la banque pour les missions. Il me fallait quémander à ma mére pour des cennes. 'A m'disait, "Vas vouère ton pére." Mon pére qui était souvent entre deux vents, fouillait dans ses poches pis y'm'donnait c'qu'y trouvait, des fois un vingt-cinq cennes que ma mére lui arrachait. "On donne pas ça aux Chinois, des étrangers qui ont les yeux à moqué farmés et les ch'feux nouères comme le poêle." En tout cas, mon pére trouvait toujours une cenne noire au fond de ses poches et il m'l'a donnait, "Pour tes p'tits Chinois," y m'disait avec un sourire de bonasse. Pis, moé j'la mettais dans la banque pour les p'tits païens. Et la soeur me regardait toujours avec des yeux ouverts et la bouche souriante. J'avais le coeur joyeux d'avoir sauvé une âme là-bas dans la Chine. Je n'pensais plus à l'enfer mais au ciel où tout l'monde est sauvé. J'me mis à penser si moé-même j'irais tout drette au ciel sans passer par le purgatouère. J'avais faite une bonne oeuvre et je méritais ça. J'allais demander à ma mére si c'était ça l'oeuvre méritoire comme l'appelait Soeur Bougrèse. Ses explications n'étaient pas toujours claires, Soeur Bougrèse. J'avais la caboche dure et divagante, me disait-elle chaque fois elle essayait de m'expliquer qu'que'chose. C'est pas de ma faute, chus faite comme ça. J'ai pas les yeux assez clairs pour me rentrer des choses comme ça dans tête. Est dure ma caboche. J'l'sais. Mais, chus pas dure de coeur. C'est ça qui compte dans vie, me disait ma mére. Moé j'la crèyais.

Et ben, pour en rev'nir au cat'chisse en images, j'dis avec raison et de tout mon coeur que ce cat'chisse est ben bon pour les catholiques fort convaicus, mais pour les catholiques à gros grains, ça marchera pas, pantoute.

Ceusses-là sont pas prêts à s'ouvrir l'âme et le coeur pour commencer à suivre les idées là-d'dans. Y'ont la caboche trop close et trop étrette pour même laisser les images pénétrer leur bon sens et leur imagination assez pour commencer à comprendre c'que le cat'chisse dit. Toute est farmé *tight* chez eux, *tight* comme un jarre de cannage avec un robbeure. Ça c'est *tight* Monsieur, aussi *tight* que les fesses de la vieille fille Lasalle qui reste dans le bloc à Monsieur Girouard s'a côte. On dirait qu'elle a les fesses collées ensemble tellement elle les garde serrées. Peut-être elle veut pas montrer son vieux peteu. Excusez-moé, j'voulais pas dire ça. C'est sorti comme ça sans que je le veule. Pardon. C'est don' simple un peu les choses qui sortent de la bouche sans qu'on s'en aparçoueve. Ça doué être le guiâbe qui nous fait faire des choses comme ça. Yé terrible ce damné-là, villain démon de la peste à Peton Gobeil. Peton Gobeil est un sent-la-marde. Y pue comme la charogne. Y s'lave jamais. Un vrai cochon. Parsonne peut le sentir autour d'eux-autres. Moé surtout.

Où chus rendue? J'ai pardu le fil de ma pensée comme le dirait matante Éva. Tante Éva était une parsonne ben ben raisonable et ben intelligente. 'A savait comment raisonner et dire sa pensée. Elle aurait pu monter dans vie. J'veux dire qu'a aurait pu devenir une bonne politicienne. 'A savait parler et pis 'a savait comment arranger les choses même les plus compliquées. Oui, tante Éva avait une ben bonne tête sur ses épaules. Pas comme moé. Le Bon Dieu a mal visser ma caboche. 'Est un peu croche en pensées et en raisonnement, ma caboche. 'Est ainque bonne pour suivre la pensée des autres plus smattes que moé. Ça fait rien. J'peux me débrouiller et gagner ma vie même si c'était au moulin. Mais ça c'est une autre histoire. Je l'ai déjà racontée.

Et ben continuons avec le cat'chisse. Catéchisme de la petite école, maman l'appelait. Moé j'dis cat'chisse. Maman s'faisait des airs des fois et moé j'riais d'elle. 'A s'en foutait ben. "T'apprends rien à l'école?" 'a m'disait. "Seulement les règles de grammaire," j'lui disais. Ça la faisait rire. Quant au cat'chisse, je constate que toute a des règles même le cat'chisse. Y faut les apprendre par coeur et les reciter même si on les comprend pas toutes. On fait accrère d'les comprendre parce qu'on veut gagner une étouelle sur nos cahiers. Moé j'avais surtout des étouelles bleues, jamais des étouelles en or, et parfois en argent. Pas trop souvent. Maman me disait de m'forcer plusse. M'forcer pour des étouelles, c'est pas c'qui m'faisait travailler plus fort. Non, ça toujours été la force de faire avec fierté toute ce qui était bon pour moé et surtout pour les autres que j'aimais tant. C'était ça mes étouelles. Non seulement mon héritage étouellé mais aussi mon héritage en fleur-de-lisse. C'est mon grand-pére Lizotte, le pére de ma mére qui aimait me parler du vieux pays au Canada. Y'en était tellement fier que les larmes y v'naient aux yeux chaque fois qu'y m'en parlait. Ça m'a toujours resté dans l'coeur. Chus Américaine mais chus Canadienne itou. J'parle anglas pis franças et j'en chus fière. Comme ça j'peux parler à toute le monde de notre voisinage excepté le vieux Polonais quand y commence à parler polonais à sa femme, Sophie. Là chus vraiment pardue. Tant pis, j'ai appris des mots en polonais et avec le temps j'me chus débrouillée.

Voyons, où est-ce que j'chus rendue avec mes images du cat'chisse? Chus toujours pardue parce que j'lambine trop. Chus une lambineuse et une parsonne qui perd le fil de ses pensées, comme le disait ma pauvre mére. 'A connaissait trop ben sa fille, ma mére. "Arrête don' de penser à côté d'la traque et pense à c'que tu dis, comme ça tu pardras pas le fil de tes pensées," me disait-elle. "Le fil, le fil, tu brodes trop, ma fille. Tu viens à pardre le sens de tes idées." J'savais ben c'qu'a m'disait.

Et ben, continuons avec les images du cat'chisse avant que j'parde la toune ou ben le fil. Ma mére m'disait que c'était comme faufiler et que le fil se lâche si on vient à l'couper. Faut pas couper le fil, 'a m'disait parce que c'est couper la pensée net. Ma mére avait toute une tête pour garder de telles pensées inimaginables. Quant à moé elle avait toute une caboche de bonnes idées, ma mére, 'a aurait faite une ben bonne soeur pour enseigner les jeunes comme moé quand j'étais jeune et ignorante. Ignorante comme une sans-dessein. Connaissez-vous ça les sans-desseins? Ben, y sont ceusses-là qui savent pas grand chose. Y font pas grand chose dans la vie, me disait Sara Langevin, ma cousine sur le bord de mon pére. Une fille pas comme les autres, Sara. Elle était smatte comme un siffleux. Les siffleux savent ben se faufiler partout. Mais, voyons, j'perds encore le fil de mon cat'chisse. Sara c'est Sara et moé chus Maybelle. C'est toute. Chus dans mon cat'chisse et de temps en temps j'perds le fil de mes idées et j'me trouve à l'écart comme dirait Soeur Bougrèse. J'l'sais ben pis je reviens toujours à ce qui est la bonne route, ma pensée principale comme l'appelle moman. Bonguenne j'tombe souvent dans l'faussais, c'est-tu drôle un peu. J'doué pardre mon balant. Bon, là je retourne à mon cat'chisse, comme je l'devrais.

Et ben, j'm'retrouve et j'y reste. Faut pas que j'arrive à divaguer comme le dirait Soeur Bougrèse dans ses plus beaux moments. Elle avait parfois des moments de lucidité, des moments de pensées et de mots clairs. C'est ben ça, ça veut dire lucidité. J'en ai parfois itou. Pas souvent mais des fois. Ça m'surprend. Lucidité veut dire lumière, la lumière de l'esprit. C'est pas dans mon vocabulaire comme le dirait Madame Chantigny, la directrice du choeur de chant de notre société de bénévoles, vous savez celles qui travaillent avec les pauvres. Elle, elle en sait des mots et comment s'en sarvir. Chus pas comme elle, mais j'apprends p'tit à p'tit. Voyons, on est rendu où astheure? C'est don' facile de s'pardre dans nos idées quand on fait pas attention. J'ai la tête ben lousse des fois assez pour me rendre folle, vous savez. C'est pas d'ma faute. Chus faite comme ça. Ma mére a eu une sans-dessein pis une folle. "Dis pas ça," 'a m'disait. "Dis jamais ça. T'es pas folle, Les folles habitent dans des maisons de santé." Elle voulait dire des vieilles cabanes pour les fous et les folles. Ce sont des cabanes dépeinturées et sales où on garde ceux et celles qu'on veut pas garder avec les sans-génie. Vous savez, les déséquilibrés comme les appelle Monsieur Francoeur s'a rue Monroe. 'Y déparle des fois Monsieur Francoeur. Yé pas toute là. C'est ça que les gens disent. Ben, j'vous assure que chus pas folle. Un peu fêlée des fois mais chus pas craquée. J'ai la tête ben vissée sur les deux épaules. Ça c'est la pure vérité du Bon Dieu. C'est pas une mentrie.

Que l'guiâbe me mène en enfer si j'viens à conter des mentries. J'ai la conscience claire là-d'ssus.

En parlant de l'enfer, chus rendue à la Création à ce point. Chus pas rendue loin. Je l'sais mais ça va v'nir. Ça prend du temps quand on perd le fil. Vous l'savez ben parce que j'l'ai dit souvent assez pour vous écoeurer et vous ennuyer. Ma fois, que chus domme un peu. J'sais pas arranger les choses dans ma tête. C'est une caboche remplie d'anguilles glissantes. Ça nous coule entre les doigts. Et ben, ça suffit. Continuons avec notre cat'chisse.

Un jour j'voudrais ben vous parler de l'Histoire Sainte. Ça c'est intéressant. Ma fois du Bon Dieu ça nous donne envie d'aller back ècole juste pour entendre raconter c'histoire-là par Soeur Dieudonné. C'était une bonne raconteuse d'histoires, c'al-là. 'A nous faisait tourner les orteils avec sa manière d'user sa voix et ses yeux noirs parçants. Ben bonne raconteuse. Mieux que Soeur Charlemagne-d'la-Croix.

Et ben, la Création une fois terminée, le Bon Dieu se reposa. J'ai oublié de parler des deux créatures du Bon Dieu, Adam et Ève. Une fois qu'y avaient mangé d'la pomme défendue, ils se sont cachés du Bon Dieu. Icitte on les voit darrière des *bush*, des buissons comme le dirait Soeur Bougrèse. Faut crère y 'ont la fâle basse d'avoir offensé l'Bon Dieu. En tout cas, y'ont honte pis y s'cachent, lui la pinotte, elle les tétons et l'autre partie de femme. J'peux pas dire comment appeler ça sans parler mal. Ça c'est la fin de la Création. Ensuite, l'Bon Dieu s'assit là à faire rien. Pour combien de temps? J'n'sais pas. Peut-être des années pis des années. J'sais pas. Est-ce qu'il y a des années avec le Bon Dieu? Soeur Bougrèse nous disait que l'Bon Dieu compte pas les années. Mais, qu'est-ce qu'il compte, demanda la p'tite Vadnais. "Y compte toutes les grains dans les champs pis toutes les graines de sable sur la *beach*," a répondu la Bellechasse. A faisait sa folle c't'elle-là. Toute la classe a commencé à rire. La Soeur Bougrèse nous dit de s'farmer la gueule. 'A pas dit ça comme ça. 'A l'a dit avec un mot plus poli. Après toute ètait une soeur. Les soeurs doivent parler ben. Polies. Y'en a qui sont pas toujours polies. J'l'sais trop ben moé.

Pis après le grand repos du Pére Créateur, un très grand somme comme le faisent les p'tits vieux et les p'tites vieilles, je sais pas qu'il a fait. Peut-être y s'est mis à flâser les fleurs des champs, comme l'a dit Simonne Lachance la p'tite fille de pépére Beaudoin. Elle l'avait entendu dire par mémére Latourette. Mémére Latourette aimait raconter des histoires aux p'tit enfants. 'Avait l'tour pis 'a aimait parler des fleurs. Faut crère qu'avait parlé au Bon Dieu en cachette. C'est ça que disait l'monde. Le monde aime parler. J'me d'mandais si l'Bon Dieu flâse encore des fleurs. Après toute, les fleurs reviennent à toutes les printemps chaque année. Faut crère que le Grand Créateur aime flâser. Pas moé. J'aime pas me mettre là à démêler les fils de couleurs et me piquer les doigts avec l'aiguille. Chus pas faite pour flâser. Chus rien qu'bonne pour remplir les batteries et runner les métiers de la weave-room du mardit moulin. C'était pas facile mais j'aimais ma job. La sueur nous pissait dans l'dos pis à travers nos brassiéres, mais j'aimais ma job. Nous autres les weaveuses, on s'faisaient du fun. On riaient pis on s'taquinaient. Pas avec méchanceté mais avec d'l'amitié entre les femmes qui connaissent le fun. Ça adoucissait les douleurs de chaque jour. Les femmes en avaient des douleurs qu'elles gardaient dans l'fond de leurs bottines sans se plaindre. Mais, bonguenne, y faullait que ça sorte une maniére ou un autre. Ça sortait souvent par le fou-rire même si on avait les pieds sans connaissance. Au boutte de la journée, on sortait heureuse d'avoir faite son devoir de femme et de bonne travailleuse même si on avait des fois une crotte sur l'coeur d'avoir faite brailler la vieille fille Denoncourt qui avait toujours la larme aux yeux. 'A l'avait toujours que'que' chose pour la faire brailler, comme une chicane avec sa mére ou sa soeur le soir d'avant. Pauvre fille au coeur si sensible. 'A l'aurait eu d'besoin d'un homme dans sa vie pour la mettre sur son piton. Y'en avait qui disait que son piton de femme était pas steddé. Moé mon piton a été ben shéqué quand mon Willé est mort. Toute branlait en d'dans de moé pour des jours et des mois, mais je continuais à travailler au moulin et à maison. J'voulais pas que ma mére le save. 'A l'savait mais 'a disait rien. On était deux femmes avec le piton solide mais avec le taquet bas. C'était ça la vie pis le moulin. La vie, le moulin, la vie et le moulin. Ça finissait p'us. Jusque j'prenne ma r'traite. C'est là que j'ai commencé à lire mon cat'chisse en images. Juste pour me désennuyer.

Si je continue avec le Symbole des Apôtres, il m'apparaît le tableau de l'Annonciation avec l'ange Gabriel qui vient saluer Marie dans sa maison. C'est une petite maison sans chassis parce que dans ce temps-là y'en avait pas des chassis avec d'la vitre. Y devait faire frette en hiver. On devait mettre des couvartes pour couvrir les chassis ouverts. L'Annonciation c'est l'annonce du ciel pour dire à la jeune Marie qu'a devra mettre au monde un p'tit garçon qu'on nommera Jésus et lui viendra sauver le monde. Marie s'attendait d'un Messie un jour mais pas par elle parce qu'était pas mariée seulement engagée avec son *boyfriend*, Joseph. Dans c'temps-là y n'avait pas de *boyfriend* pas même de cavalier. C'était toute un autre système de fréquentation, je suppose. Y'avait pas de *dates* et surtout pas de cachage dans des coins pour faire l'amour. J'n'sais même pas si on s'tenait par la main. Toute s'faisait pas en cachette. Rien, même pas des p'tits kissous. Ça m'rappelle de Claire Dupuis lorsqu'était jeune pis a commençait à sortir avec des garçons. Avait don'peur d'embrasser un garçon parce qu'a pensait qu'elle tomberait en famille et sa mére y donnerait le diable. C'est-tu innocent un peu. Dans ce temps-là on en connaissait ben ben peu du sexe et les fréquentations avec les garçons. Les garçons étaient ben plusse déniaisés que les filles là-d'ssus. La plupart des filles étaient dommes comme des moutons. On aurait pu leur couper la laine sur le dos sans qui s'en aperçoivent pas.

Pauvres innocentes. J'devrais peut-être dire pauvres ignorantes. Moé, j'en connaissais un peu plusse que ça parce que ma mére m'avait un peu déniaisée là-d'ssus. Bon, quant à la Sainte Vierge, elle était vierge, c'est toute. Blanche comme d'la nége. C'est pour ça qu'a s'est faite appellée l'Immaculée Conception. Et Sainte Bernadette est la premiére de l'appeler comme ça à Lourdes. Oh, j'aimerais don' ça aller à la grotte à Lourdes. Chus ben trop pauvre pour y aller, voyons don'. C'est seulement pour les riches comme Madame de Repentigny de Saco. Elle a hérité ben gros d'argent de son grand-pére Ambroise. C'est ben beau d'avoir d'la chance comme elle. Mais elle est pas plusse heureuse aujourd'hui. Son mari l'a laissée pour une autre femme. Ça c'est une autre histoire. J'vous la raconterai une autre fois lorsque j'aurai fini avec le cat'chisse.

Ben, après l'Annonciation, y'a la naissance du p'tit Jésus dans la créche à Bethléhem. Mais avant ça y'a la visite de la jeune Marie à sa cousine Élizabeth. Marie marche de milles poura aller la voir. Est jeune 'a peut faire ça assez facilement. Moé itou quand j'étais jeune j'pouvais marcher des heures de temps sans m'fatiguer. Sa cousine la reçoit avec bonne grâce ce qui veut dire la grâce du Bon Dieu, et la salue avec bon coeur. C'est de là que vient le "Je vous salue Marie." Ben, la soeur nous l'a dit. Marie reste avec elle presque trois mois. Bonne et charmante cousine la Marie pour faire ça. Chus çartaine que la sainte Vierge a resté avec sa cousine Élizabeth pour lui aider à faire la vaisselle, faire les littes et toutes autres choses en préparation du bébé qui s'en v'nait. Ben, oui, Élizabeth allait avoir un p'tit garçon qu'on appellerait Jean. Saviez-vous ça? Plus tard ce serait Jean-Baptiste. Celui qui mange des sauterelles avec du miel et qui s'habille avec des peaux d'animals. Moé j'dis un vrai savage. Excusez-la p'tit saint patron des canayens, la tête frisée et qui porte une peau d'mouton. Mon grand-père me disait qu'il y avait toujours un p'tit Jean-Baptiste dans toutes les parades au Québec. C'était pour montrer comment on aimait le p'tit Jean-Baptiste, Un vrai p'tit cric.

Ensuite vient la naissance du p'tit Jésus. Toute le monde sait l'histoire de Noël. Y faisait ben frette et Marie et Joseph ont été forcés d'aller dans la grange de que'qu'un pour que Marie donne naissance au bébé qu'elle attendait. Pauvre elle 'a n'avait que seize ans, c'est Soeur Bougrèse qui nous l'a dit. A savait toute ça la damnée de soeur. (oops, excusez-la). Quant au bon Saint Joseph, yé resté à l'écart pour pas mettre sa femme dans la géne et briser sa modestie. Y savait que Marie, sa femme, voulait ben pas trop montrer son corps à un homme méme si Saint Joseph était son mari. Moé itou j'aurais pas voulu montrer le mien excepté peut-être à mon Willé. Surtout pas montrer mon cul à parsonne. (voyons don' me v'là rendue polissonne…excusez-là vous autres et vous Vierge Marie Sainte Mère de Dieu). On devient raide et mauvaise-gueule en vieillissant. Pourtant j'aurais jamais cru que j'deviendrais comme ça. Tocsonne, polissonne et pis des fois hère. C'est-tu drôle un peu comment on devient sans l'vouloir. Ça doué-t-être le tour d'âge. C'est ça qu'on dit. Pourtant j'ai ben dépassé mon tour d'âge.

Assez de ce bavardage. Ça doué vous ennuyer. Après la naissance de Jésus, ben il y a encore du déménagement. C'ta fois-citte, c'est loin loin loin, en Égypte. Pensez-y ben. Dans un pays de sable et de bébites. Loin de la parenté et des amis. Loin itou des Juifs, leur pareils. La Sainte Vierge doué s'être ennuyée. Le cat'chisse le dit pas. La Bonne Sainte Anne, la grand-mére, doué avoir manqué son *grandson*…oops, son p'tit-fils. C'est drôle qu'on parle jamais des grands-parents du bord à son pére, Saint Joseph. Peut-étre parce c'était pas son vrai pére. Son vrai pére était au ciel. Il l'appelait souvent, pas par téléphone mais par pleine voix. Y'avait ben d'l'amour entre ces deux-là.

On sait pas grand'chose du p'tit Jésus quand y'était jeune. Faut crére qu'y faisait pas trop des choses pour s'faire r'marquer assez pour mettre ça dans les évangiles par écrit. D'ailleurs, c'est des hommes qui ont écrit les évangiles.

Les hommes ont pas le même talent que les femmes pour voir les choses et apprécier les p'tites choses dans vie. Y voyent seulement les grosses choses et pas les p'tites choses qui des fois sont plusse importantes que les grosses. Par exemple, les hommes souvent reconnaissent pas ce qui est vraiment tendre et plein d'amour comme un p'tit kissou ou une larme au bord des yeux qui est là mais qui tombe pas parce que la femme la garde là pas pour montrer qu'elle a d'la douleur dans l'coeur. Les hommes voyent pas ça.

Non, ils voyent que les grosses choses qui les intéressent. Écrire les p'tites choses que Jésus faisait, non, seulement les miracles, ceusses-là qui faisaient parler le monde, ça vaulaient plusse que les choses ordinaires dans la vie des apôtres pis ceux qui écrivaient les évangiles. Les hommes, les pauvres hommes, j'pourrais vous en dire sur eux, mais pas astheure. Il faut que j'retourne aux pensées sur mon cat'chisse.

C'que j'vous dis c'est pas des mentries. Non, pas du tout. C'est la vérité. J'vous dis pas des choses pour abrier des choses que moé j'ai pas connues. Comme la Soeur Bougrèse pis le monde que je nomme, c'est toute vrai.

Chus pas menteuse. Pantoute. Pis j'm'attends que les autres me disent la vérité eux-autres aussi. J'aime don' pas me faire dire des bêtises par la tête et me traiter de vaurienne parce que j'ose dire la vérité qu'a seye dure ou facile à avaler. Moé, j'ai pas d'porte en arriére. J'marche comme je parle, drette sans d'reculon. Croyez-moé ou croyez-moé pas ce qu'j'dis c'est la pure vérité. Le sent-la-marde à Tit-Gars Lalumette m'dit toujours que j'raconte des tas de mentries. C'est pas vrai. C'est lui qui conte des menries. C'est pour ça qu'y a les dents pourrites. C'est ça que les gens disent. Moé j'ai des dents rapportées mais pas pourrites. En vieillissant on perd nos dents pis on porte des lunettes. Y'en a qui ont des *hearing aids* itou. Toutes des choses rapportées. J'sais pas si on monte au ciel avec ça.

Faut qu'j'd'mande à la vieille fille Métivier, 'a doué savoir ça. A sait toute c'tallà. Une vraie nez fourré partout. Une pitoune et une vraie tordnom de passe-partout. 'A sait toute et 'a bavarde toute. Qu'ossé qu'a sait pas ben 'a en fait. Y'en a pas comme elle.

Ben quant au cat'chisse, c'est pas des mentries. C'est trop ben écrit pour être des mentries. Par dessus-le marché ça nous vient de Paris, la plus belle ville du monde. Si ça vient de Paris il faut que ça seye pas des mentries. La France nous dit toujours la vérité. Ça c'est vrai. C'est le bon Monsieur Tardif qui m'a dit ça. Lui yé pas comme les autres sans-desseins. Yé pas bête non plus. Yé ben ben drette comme un piquet, pas croche, pas menteur. Y'aime ben nous montrer son savoir-ben pis y'en connaît des choses lui, plusse que les soeurs et même les prêtres. C'est ça qui nous a dit et j'l'cré.

Assez de ça. Vous allez crère que j'ai pardu le fil de mon cat'chisse. Mais non, je l'ai r'trouvé. C'est parce que j'aime parler que j'perds le fil des choses des fois. La tête me vire des fois pis j'deviens presque folle comme si toute était virée à l'envers. Avez-vous déjà filé comme ça vous-autres? Ça m'arrive assez souvent. Pourtant chus pas folle. J'doué virer en enfance parce que des fois j'radote. C'est ça que les gens disent de moé. Qu'y ayent don' péter une brique. J'radote pas. Ce que les gens disent de moé ça m'inquiète pas. Pantoute. C'qu'y disent c'est d'la pure béloné. J'dirais d'la marde mais c'est pas poli.

Et ben, j'pense que j'en ai assez du Symbole des Apôtres. J'devrais pas dire ça. J'pense que je chavire avec toute ça. C'est trop pour ma caboche. Est pas trop fine ma caboche. Est souvent rétive et pis comme la jument de mon grand-pére, 'est sans trop de bonnes qualités. J'veux dire qu'est souvent trop bête et trop dure a comprendre les choses qui sont importantes pour sa raison d'être. C'est justement ça que me dit Madame Délia Lavertue, l'organiste à l'église quand je chantais dans l'choeur de chant. Le monde disait que j'avais une belle voix. Ma mére me l'a souvent dit itou. Mais, après l'incident avec Monsieur l'curé, c'était don' bête c't'affaire-là parce que c'était sa faute à lui pas la mienne, Ben, j'ai arrêté d'aller à messe à cause de lui et ses patarafes sur moé. Pourtant j'étais une bonne parsonne, une bonne catholique itou. Me j'chter des bêtises par la tête comme ça. Ça m'a fait d'la peine jusqu'à m' faire brailler pour rien. Oui, y'était bête en maudit Monsieur l'curé.

Toute ça me rendait malade et pis j'l'disais à mon Willé. Pauvre Willé 'y m'écoutait sans me donner le guiâbe parce qu'y m'aimait et moé je l'aimais itou. Y'était le seul homme dans ma vie. Lui 'y riait quand j'lui parlais de mon cat'chisse en images. "Qu'est-ce que ça peut ben faire c'te cat'chisse?" y m'demandait. Ben j'lui disais que ça m'ramenait à l'école et Soeur Bougrèse et ses histoires. Ça m'soulageait l'esprit et me rendait back de bons souvenirs sur les bancs d'école. Ça m'faisait penser aux jours de ma jeunesse quand j'grandissais et que j'avais du fun dans vie. Ah, les jours de jeunesse qu'ils sont bons et soulageant pour moé. Vieillir c'est pardre la capacité de jouir des bons vieux jours sans trop de peine. On oublie, oui on oublie. Ce qui était tellement important dans notre idée est devenu des graines de pas d'sens. Presque pardu dans not'e mémoire comme d'la boucane. C'est-tu pas simple un peu. Moé j'ai toujours été saffe des bonnes choses d'la mémoire comme des récettes de ma grand-mére, des souvenirs du fun qu'on avait eu quand on allait manger chez la parenté et des choses comme ça. On me disait que la vie doit avoir du fun de temps en temps. Quant à moé, le fun que j'avais c'était aux veillées du samedi soir. Là on avait du fun. On' s'faisait du fun avec le violon, l'accordéon, le piano et les cuillers.

J'vous dis qu'on dansait pis on riait d'avoir du fun. Pis mon grand-pére Lizotte racontait des histouères. Ma grand-mére n'aimait pas quand il racontait des histouères cochonnes. 'Était scrupuleuse ma grand-mére. Le fun dans c'temps-là était faite à maison en famille et souvent avec des amis. Ah, les souvenirs du temps passé sont les meilleurs. Un de mes bon souvenirs c'est la fois que moé et Willé on est allé à Old Orchard. On as-tu eu du fun sur les amusements. On a mangé du popcorn, on a bu du sodé et on as-tu joui de notre ice-cream. Moé j'ai pris de la vanille; Willé lui un *cone* au chocolat. Madame Lachance me dit qu'un *cone* en français c'est cornet. En tout cas, j'ai eu un cornet pis Willé a eu un *cone*. On s'est-tu liché les babines cette après-midi-là. C'est là que j'ai oublié le travail dur du moulin. La weaveuse n'était pus weaveuse mais une enfant qui s'amuse pis une fille qui se désennuie avec son cavalier. J'espère ben que j'oublierai jamais les bons souvenirs de mon cher Willé. Ça m'rend malade à juste y penser. Willé était le charme de ma vie, la raison de vivre à toutes les jours et surtout quand j'm'ennuyais à mort. Pardre ces souvenirs-là ça s'rait parde mon âme. J'l'sais qu'on perd jamais son âme mais c'est si c'était comme ça. C'est toute que j'sais moé grosse pleurade de maman. C'est comme ça que maman m'appelait. J'vous dis, mes souvenirs de mon Willé me soulagent et me rendent heureuse encore. Juste à penser à lui me donne des frissons, des bons frissons car il y en a des mauvais et des bons, vous savez. Les bons frissons me font v'nir les yeux en guedelle. Pensez-y, ma foi que chus folle des fois.

Ben, j'veux parler de la Sainte Vierge et Saint Joseph astheure. Ben, c'est dans le cat'chisse. J'invente pas ces choses-là. J'les flâse un peu des fois mais j'les invente pas. C'est-tu beau du flâsage avec toutes ces fils de couleurs. Ça donne un p'tit frisson au coeur. Moé qui aime les couleurs. Saint Joseph, ben on l'appelle "chaste époux" parce qu'il a eu rien à faire avec La Sainte Vierge. J'veux dire pas de sexe. C'est ça que veut dire chaste, pas de minouchage comme le dit la vieille fille Dulac d'la Quimby. 'A m'a dit un jour qu'elle était chaste et qu'a aimait pas qu'on la touche à nulle part surtout dans ses p'tites culottes. "C'est péché c'qu'un homme fait à une femme le soir au litte", a m'a dit. "Qu'est-ce qu'il fait?" j'lui ai demandé. "Ben, tu sais." "Quoi?" "Parle-moé pas de c't-affaire-là." C'est quoi c't-affaire-là? "Commence pas à m'faire accrère tu ne l'sais pas, toé et ton Willé." "Moé et mon Willé on a jamais commis de péché. Lui m'a jamais touché où il devait pas. Ça c'est la franche vérité," j'lui ai dit carrément. "Tu veux dire que Willé était chaste comme Saint Joseph?" J'y ai pas répondu. Etait trop écornifleuse.

Eh ben, quant à la Bonne Sainte Vierge, elle a toujours été chaste et c'est pour ça qu'on l'appelle Vierge. Ça j'l'sais. Elle voulait rien à faire avec un homme. C'est pour ça que l'ange Gabriel l'a rassurée que le Saint Esprit deviendrait son époux sans se toucher, sans même être accotté. Lui c'était un pur esprit. Y n'avait pas de bagatelle en bas. Vous savez c'que j'veux dire par ça. Gardons les choses nettes.

En tout cas, la Sainte Vierge et Saint Joseph sont mariés dans leur temple(y n'avait pas d'église dans c'temps-là) pis y'on eu le p'tit Jésus plus tard dans la crèche sur le foin. Mon Dieu, le p'tit bébé Jésus doué avoir eu frette. C'était en plein coeur de l'hiver. Pauvre lui. On garde pas les bébés au frette. Ça-tu du bon sens. Son père doué y avoir envoyé un peu de chaleur par le sufflé des anges et des bêtes. Comme ça le p'tit Jésus avait trois péres, celui qu'il appelle Père(il prie toujours à lui), le Saint Esprit, l'époux de Marie et Saint Joseph celui qu'on appelle père adoptif. Demandez pas comment défricher ça. C'est trop difficile pour ma simple caboche. Est ben simple ma caboche, j'peux comprendre une seule chose à fois.Que l'Saint Esprit me bénisse.

Après la naissance du p'tit Jésus, pis après la fuite en Égypte(c'est comme ça que l'a dit Soeur Bougrèse), ben Saint Joseph a eu un autre rêve(y a souvent des rêves lui. C'est un rêveur, un homme qui s'laisse la tête tourner comme une toupie. J'dis pas ça pour rire de lui, vous savez). Pis 'y sont partis chez-eux loin du sable et des étrangers. Mon doux, ça dou avoir faite du bien au coeur de Marie, la maman. Elle doit avoir manqué sa propre maman, Sainte Anne itou. Chez eux à Nazareth. Un tout p'tit village où toute le monde se connaisse. Du moins, c'est comme ça j'l'vois. Pour des années, on entend pas parler d'eux-autres, la Sainte Famille. Y faut crère que ceux qui ont écrit les évangiles n'en savaient pas plusse.

Pis, à l'âge de douze ans, on trouve Jésus en promenade avec ses parents au grand temple à Jérusalem. C'était comme la visite de paroisse, y faut crère. Pas de Monsieur l'curé pour quêter de l'argent. Pas d'écorniflage pas de parlotte inutile juste une visite. Mais le p'tit garçon qu'était Jésus, y s'est pardu ou ben ses parents l'ont pardu dans la *crowd* de visiteurs. Y'en avait du monde et on pouvait se parde facilement. Pourtant Jésus était smatte. Y'était Dieu. Y savait ben c'qui s'passait. Y'aimait parler pis faire la loi avec les plusses smattes, les plusse éduqués à la grande école. J' me d'mande si Jésus est allé ècole ou c'est sa mére qui l'a montré ses lettres et ses chiffres. Certainement 'a lui a montré le cat'chisse de son temps. Moé j'dis qu'y en savait plusse qu'elle.

Quant à Saint Joseph, 'y travaillait avec le bois. C'était son métier parce qu'on le montre toujours avec du bois. C'est comme ça qui gagnait sa vie. Il faullait qu'y gagne son pain et faire vivre sa p'tite famille. La Sainte Vierge elle travaillait dans maison comme toutes mères de famille. J'ai vu une image un jour de la Sainte Vierge qui étendait des couches s'a corde. J'ai trouvé ça drôle un peu, la Sainte des saintes faire le lavage et étendre des couches. Faut crère que le p'tit Jésus pissait et faisait du caca comme tous les autres p'tits enfants. Mon Dieu la Sainte Vierge les mains dans marde!

Excusez-la. C'est pas beau mais c'est comme ça que ça marche dans vie, Marie ou Jésus ou n'importe quels saints. J'me d'mande si la Sainte Vierge usait des mots comme ça. Toute ce que j'sais, eux-autres sacraient jamais. C'est pas possible avec du monde comme ça. Y paraissaient comme du monde ordinaire mais y'étaient plusse qu'ordinaires. C'est pour ça qu'y sont dans l'cat'chisse.

Après Nazareth on commence la vie publique de Jésus. Là c'est un grand et bel homme aux cheveux qui lui tombent sur les épaules. Beaux cheveux pour un homme. Je sais pas si y prend de sa mére ou pas. Y pouvait pas prendre de son vrai pére parce qu'on le connaît vraiment pas, un mystère. En tout cas, y'était beau en maudit. Mais y s'en faisait pas accrère. Ça j'l'sais à cause qu'était pas snob ni fanfaron.

Un vrai *gentleman* comme on dit en anglais. Y'aimait tout l'monde surtout les enfants, mais y prenait garde de ces torguieux pharisiens, ces hypocrites à deux faces. Moé non plus j'aime pas les hypocrites, ça m'pue au nez les hypocrites. Y font semblant de pendre la vérité au boutte de leurs nez, mais en vérité c'est la morve qui pend là.

Dégoûtants, vas. Parlons don' d'autres choses car c'est pas la peine de parler des hypocrites. Y'en a plein le moulin de ça. Y'en mouille. Le p'tit monde comme le gros. Même parmi celles qui portent le vouelle et ceux qui portent la soutane de prêtre. C'est honteux mais c'est comme ça, ça yé. Faut pas s'en cacher.

Le Symbole des Apôtres finit par la Rédemption. Qu'ossé ça veut dire ce grand mot-là? Ben, ça veut dire "sauver". Jésus est mort sur la croix et a souffert une terrible mort par ses souffrances pire que les nôtres. Il l'a fait afin de sauver tous les humains de la mort qui finirait toute. Pas d'ciel, pas de purgatoire, rien, seulement une pauvre p'tite vie à quelque part à souffrir et souffrir toute le temps sans voir le Bon Dieu et jouir d'l'voir. Pendant toute l'éternité. Ça c'est long pire que s'attendre avoir une belle bébelle quand on est toute p'tite fille à Noël. Ça brise le coeur. Pas jamais avoir du fun pas même une seule barre de chocolat, la Skybar par exemple. Yfaullait que l'Bon Dieu nous sauve et il l'a fait avec Jésus-Christ son fils. Ce sauvage-là c'est la redemption. Comprenez vous ça? C'est comme ça que la soeur du cat'chisse essayait nous l'expliquer. Y'en avait qui comprenait rien de ça. Y'avait la tête dure comme d'la roche et pis y riait de ça, têtes de pioches. Moé, au moins j'essayais de m'rentrer ça dans ma caboche de pauvre p'tite fille ignorante comme d'la m'nasse en hiver. *Slow slow slow* comme une tortue ou un calimaçon sur une grosse roche. Au moins j'essayais de comprendre même si j'comprenais pas. C'est dure la vie quand on tâche de comprendre pis ça veut pas sinké in. Que voulez-vous? On est qui on est. C'est toute. Willé lui me comprenait. C'est toute ce qui comptait dans ma vie d'hier. Pauvre Willé yé mort avant son temps.

Et ben, ce sauvetage ou la rédemption, est faite par la mort sur la croix avec toute son corps en sang et les deux mains et les pieds avec des gros clous dedans. Ça devait faire mal. Ça faisait partie de la *bargai*n avec le Père comme le disait le pépére Lavigne qui aimait don' parler des choses comme ça. C'est toute que j'vais vous dire à propos de la rédemption. Point final comme le dirait la soeur Marie-de-la-Croix. Bonne parleuse.

Après ce chapître-là, le cat'chisse parle de l'enfer. J'vous en ai déjà parlé de ça. C'est assez. J'veux pas vous dégoûter avec c'ta mardite marde-là. J'vous l'dis, ça pue jusqu'au fond de mes orteils. J'veux p'us en parler. C'est toute. Point final.

La grâce vient ensuite. C'est pas dur et pas facile en même temps d'expliquer ça. J'vais faire mon possible.

Premièrement, la grâce veut dire un cadeau du ciel. C'est donné par le Bon Dieu sans obligation de remettre aucune chose. C'est *free*! C'est ça que le cat'chisse nous dit. *Free, free*, vous comprenez?

Soeur Bougrèse nous disait ça et 'a nous répétait la même chose tous les jours de la s'maine.

Ça dev'nait un peu baveu elle pis son *it's free*! Rien est *free* dans ce monde. Faut payer pour toute. C'est ça que ma mére nous disait. En tout cas, quand je lis dans mon cat'chisse ça dit, "La grâce est un don surnaturel, que Dieu nous fait gratuitement, en vue des mérites de Jêsus-Christ, pour opérer notre salut." Y'a une opération là-d'ans? Ça pas d'sens. Y'a certainement pas de docteurs dans la grâce. Ça vient du ciel. C'est pourquoi on appelle ça surnaturel.

C'est gratuitement parce que ça veut dire, encore ce mot, *FREE*. Une parsonne comme moé mérite pas la grâce. Est donnée. Je l'accepte et me farme la trappe parce que c'est bon pour mon âme parce que l'âme a besoin de manger pour vivre comme le corps, nous disaient les soeurs, Elles nous disaient qu'y faullait de la nourriture pour vivre, le corps et l'âme. Ça j'comprenais, ça. Chus pas toujours domme, vous savez.

Ensuite, j'apprends qu'y a deux sortes de grâces, habituelles et naturelles. Ouais! Ça devient de plusse en plusse compliqué. En fin d'compte, toute ce que j'r'tiens de ça c'est la grâce sanctifiante qui nous permet d'aller au ciel. Demandez-moé pas comment ça s'passe, j'pourrais pas vous l'expliquer. Soeur Bougrèse est morte et j'peux pas aller lui demander de l'faire. Les autres sont parties de la paroisse il y a longtemps. On est devenu une paroisse sans soeurs. Pour la grâce, toute ce que je sais c'est que je connaissais deux femmes, une qui s'appelait Grâce et l'autre Gracieuse. Beaux noms, bonnes parsonnes. Est-ce qu'étaient pleines de grâces, j'l'sais pas. Non, c'est la Sainte Vierge qui est pleine de grâce. On l'dit dans le "Je vous salue Marie." Celle qui s'appelait Grâce ètait pleine de graisse. Ha! Ha! Excusez-la.

Bon, on en vient aux Sacrements. Ça j'en sais gros parce que je les ai presque toutes reçus excepté le mariage(presque), l'extrême onction(chus pas en danger d'mort), et l'Ordre(seulement pour les hommes qui deviennent prêtres), J'ai été baptisée au Canada dans la paroisse de Saint Norbert-de-Bellefontaine avec le vicaire, le Père Vacarest. On m'a donné le nom de Marie Antoinette Maybelle et pis j'ai gardé Maybelle tout court, la chum de ma mére. Le nom de ma mére c'était Ernestine. Mon parrain était menoncle Ovide Précourt et sa femme Crépisse, ma marraine. Quel sorte de nom c'est ça, Crépisse! C'est assez laitte pour coucher dehors. Chus don' contente que ma mére a pas choisi de me nommer après elle, tante Crépisse. Ça pas d'sens appeler son enfant comme ça. Y doué pas avoir de Sainte Crépisse. Ça s'peut pas.

Ma mére disait que tante Crépisse appelait ça être baptêmé et pis ma mére y disait que c'est pas baptêmer mais baptiser. Ma tante y répondait "Baptiste! C'est le baptême. On doué dire baptêmer, c'est toute." Ma mére nous faisait rire avec ça. J'ai encore le set de baptême que j'ai porté. Yé beau toute en satin luisant avec d'la dentelle icitte et là. Y'a jauni dans son papier de soie mais ma mére me l'a donné parce qu'a pensait que j'aurais des enfants un jour. Pas d'saint danger depuis que mon Willé est mort subitement dans le gros bâleur d'acide où il travaillait. J'ai encore le coeur serré comme un étau. Vous savez qu'est-ce que c'est un étau? Ça serre les choses comme deux morceau de fer pis d'autres qu'on veut serrer. En tout cas, ça serre fort. La mort de mon Willé m'a brisé non seulement le coeur mais toutes les narfes en d'dans de moé. Des fois j'peux p'us sentir rien en'dans d'moé comme si j'étais morte. Chus pas morte; chus embaumée de douleur. C'est pas de ma faute si je file comme ça. C'est la faute à parsonne. C'est la vie qui me traite de vire-à-l'envers. 'A m'a toute arraché l'amour que j'avais dans l'coeur. C'est une vie de désespoir quand celui qu'on aime si fort est arraché et tordu de son coeur.

C'est comme ça que j'file jusqu'au fond de mes talons. J'en dis pas plusse parce que je veux pas vous ennuyer avec mon braillage d'amour pardu, mais ça reste là comme un tison qui brûle au-d'ans d'moé sans jamais parde sa chaleur intense. C'est pas drôle, vous savez. Ça rend les narfes et le sang hors d'espoir. Voyons don' y faut que j'arrête de m'plaindre. Les plaigneuses vont pas gagner le ciel. Chus vraiment pas une plaigneuse. Chus Maybelle Sansoucis, la fille d'Ernestine la clineuse. Que 'man aimait don' cliner. Dans toutes les racoins itou.

Bon, astheure, j'veux parler des autres sacrements parce que c'est dans l'cat'chisse. J'veux pas faire les choses à l'envers. Le sacrement de Pénitence vient avant celui de l'Eucharistie quand on reçoit la communion toute habillé en blanc, filles et garçons. Mais avant de recevoir Jésus Hostie y faut aller se confesser au prêtre pis dire tous nos péchés.

C'est pas facile. Ça m'tracassait parce que j'avais pas d'péché. J'avais rien de mal s'a conscience. Mais Soeur Bougrèse essayait de m'dire que toute le monde commette des péchés surtout des malélevés comme moé. J'étais en maudit parce que j'étais pas malélevée comme 'a m'accusait. Ma mére m'a ben él'vée, j'voulais 'y dire mais j'pouvais pas 'y dire ça parce que ça aurait sorti de ma bouche comme des bétises tellement j'étais enragée dedans moé. J'ai fini par m'accuser d'avoir skippé mes prières du soir parce que j'm'endormais trop. J'les commençais pis j'tombais endormie. Le prêtre m'a rien dit et y m'a donné l'absolution. J'vous dis que j'ai sorti d'là à pleine épouvante. J'avais même oublié c'que le prêtre m'avait donné comme pénitence. J'savais ben que le P'tit Jésus me pardonnait. J'l'ai remarcié. J'étais ben élevée.

Quant à la Première Communion, c'que j'm'souviens le plusse, c'est tout l'effort que maman a mis dans ma p'tite robe blanche. Toutes les filles devaient porter une robe blanche pis un vouelle blanc. Les filles qui ètaient riches parce que leurs pères gagnaient d'la grosse argent, ben y'avaient des belles robes de store avec un beau vouelle et une p'tite couronne de fleurs raportêes sur la tête comme une p'tite mariée. Les autres, ben on r'gardait comme des p'tites pauvres sans trop d'élas. J'm'en foutais ben parce que la robe que 'man m'avait faite était ben faite, ben cousue et ben taillée à main. J'avais pas d'couronne; j'avais seulement des *bobby-pins* pour quiendre mon vouelle. J'ai marché drette comme un paon et pis j'étais aussi fière que les autres, même les gars. Y'en avait un qui marchait les pieds croches et la tête basse comme si y'avait honte. Y v'nait d'une famille ben pauvre dans le voisinage des peureux et des galeux. Parsonne leur parlait. Ma mére trouvait ça d'valeur. Aujourd'hui j'vas p'us à messe mais j'manque d'aller communier. Chus pas protestante comme j'vous l'ai déjà dit.

Le sacrement de la Confirmation c'est quand l'Évêque vient avec son haut chapeau pointu, ses gants blancs et sa longue robe d'évêque et donne à chaque enfant ce que Soeur Bougrèse appelle "un léger soufflet", une p'tite claque s'a joue. J'sais pas pourquoi mais 'a nous l'avait expliqué. J'étais trop jeune encore pour recevoir la confirmation. J'avais pas encore mes douze ans. Pis, une fois rendue aux États, on m'a comme oubliée, Soeur Bougrèse était p'us là pour me guider et j'avais juste manqué la classe pour être confirmée. Y'a faullu que j'attende pour recevoir ce sacrement, trois années. J'étais plus vieille que les autres pis on m'a mise à part pour être confirmer la dernière. J'avais presque honte. J'ai jamais aimé être une à part. Ça m'brûle le cul. Ooops, pardonnez-la mais j'peux pas m'empêcher de dire c'te mot-là quand c'est exactement c'que j'veux dire. C'est pas pire que lire cul-de-sac au Canada.

Le cat'chisse nous parle aussi des dons du Saint-Esprit. Y'en a sept: la Sagesse, l'Intelligence, le Conseil, la Force, la Science, la Piété, la Crainte de Dieu. Je comprends pas toute ça moé qui a la caboche remplie de toutes sortes de choses. Quant à l'intelligence, l'Bon Dieu m'en a pas donné trop. Chus pas trop intelligente. Soeur Bougrèse m'l'disait souvent. J'lui disais, "Soeur, pas toute le monde est intelligent mais moé j'ai du bon sens." J'osais pas y dire qu'elle en avait peu. J'voulais pas l'insulter.

La Crainte de Dieu, ça j'en ai à plein. Souvent j'ai peur de lui. J'ai peur qu'il va m'arriver de quoi parce c'est un r'vengeur et parfois un malin parce qu'il punit ceusses-là qui suivent pas ses commandements ou qui font du mal.

Ceusses-là vont souvent en enfer. Moé, j'ai peur de l'enfer assez des fois pour pisser dans mes culottes. C'est fou, mais c'est comme ça que j'file. J'espère ben que ce que j'ai reçu de dons à ma confirmation produise de bon fruits, pas de pommes que Ève a volée de l'arbre défendu. Quant à la Sagesse toutes les mamans savent ce qu'a yé parce qu'elles disent souvent à leur enfant, "Sois sage." En plusse des dons du Saint-Esprit, il y a l'onction avec le Saint-Chrême. C'est pas la crème qu'on mange souvent fouettée qu'on met sur un morceau de *cake* le dimanche. Non, c'est un mélange d'huile d'olive et de baume. Le baume sent bon.

Ça vient d'un arbre, pas par icitte. C'est ça que j'lis. L'Évêque lui-même bénit le Saint Chrême le Jeudi Saint. Il l'use pour toute l'année quand y'en a besoin. Y doué faire laver ses gants souvent.

Ensuite il y a le sacrement de l'Extrême-Onction. C'est pour les ben ben malades et les mourants. On sait ben j'l'ai jamais r'çu parce que chus pas morte. Mon grand-pére l'a eu avant de mourir s'a terre au Canada. J'avais huit ans.

J'l'aimais ben mon grand-pére Adelard. Y'était fin et doux mon grand-pére. Y m'aimait itou. Ma mémére l'a-tu pleuré. A porté le deuil pendant plus d'un an. Était comme une soeur habillée toute en noir jusqu'aux bas noirs. 'A l'a farmé le piano et parsonne pouvait le jouer. Pas de chants, pas de tounes, pas même d'histoires qui font rire. C'était comme si la mort avait farmé toute. Elle avait mis jusqu'à des rubans noirs autour des cadres de nos ancêtres. Des parsonnes que j'connaissais pantoute. Triste en maudit, je vous l'assure. C'était ben platte. Assez pour endormir les vaches, comme le dirait Monsieur Vachon de l'autre côté d'la rivière. Il appartenait une grosse terre et pis des vaches, des cochons et des poules. Maman allait ach'ter ses poules là qu'a bourrait de lard avec des patates et des épices, la même viande qu'a faisait ses tourquiéres aux fêtes. Ça sentait pis ça goûtait tellement bon. Y'a rien comme une belle poule fraiche bourrée cuite dans l'fourneau avec des patates jaunes et des belles *stringbeans* de Monsieur Vachon. Maman y donnait souvent de ses cannages, du piccalilli ou ben des bettes dans du vinaigre.

J'lis que dans les campagnes au Canada loin du centre-ville dans les rangs, Monsieur l'curé partait de son presbytère en slé tiré par son ch'fal en hiver pour aller porter la Sainte Eucharistie et administrer un malade à l'article de la mort, comme le dirait la vieille fille Duranceau, pis y r'venait back g'lé au coton. Ça c'est dans mon annale de Sainte Anne de Beaupré. J'peux lire vous savez, chus pas gnochonne comme il y en a. Dans c'temps-là la vie était pas facile même pour les curés. Les pires étaient ceusses-là qui souffraient de faim parce qu'y étaient ben pauvres, pauvre comme la gale maman disait. Y'en a encore aujourd'hui. Moé j'essaye des aider quand j'peux.

Quant au sacrement de l'Ordre et la consécration du prêtre, j'devrais dire l'ordination, on l'appelle Ordre parce que y'a sept ordres dans ce sacrement. J'sais pas pourquoi on appelle ce sacrement Ordre, mais c'est comme ça qu'on l'appelle. C'est pas moé qui l'a appelé comme ça, c'est ceusses-là en charge, les ecclésiastiques comme le dit le cat'chisse. Les soeurs l'appelaient la grande vocation parce que le prêtre remplaçait le Christ à l'autel et donnait les sacrements. C'était toute une job. Y'avait les doigts consacrés. Parsonne devait toucher ou frapper un prêtre, c'était défendu, Les soeurs nous prêchaient ça du matin au soir. C'était la même chose pour les religieuses parce qu'ètaient consacrées au Bon Dieu. Des fois, j'aurais aimé donner une bonne claque à une d'elles tellement a était déplaisante. Maman me disait toujours, "Ose pas." C'était un sacrifice que j'offrais au Bon Dieu. J'vous l'dis que j'en ai sorti des âmes du purgatoire. Après l'Ordre, c'est le sacrament du mariage. Ça y'en mouille des mariages.

Nos curés encouragent les gens des paroisses qui parlent français de pas aller en dehors des nôtres comme les Irlandais, les Polonais, les Américains surtout les protestants, parce que ça fait d'la chicane. En plusse, ça met wen danger la r'lgion. Faut él'ver les enfants dans la r'ligion catholique. C'est toute. Si on s'met à parler anglais, ben on risque de pardre notre belle langue. C'est ça que disent nos curés. Ça du bon sens mais moé, j'cré pas là-dans.

J'voudrais marier qui que j'veux. Mon Willé parlait les deux langues même un peu de polonais parce que son boss c'était un Polonais. Y lui montrait des mots en polonais et mon Willé apprenait vite. Que les curés s'mêlent de leurs affaires.

Le sacrament de mariage, En premier lieu, il y a les empêchements comme pas de mariage entre la parenté, pas même de mariage entre ce que le cat'chisse appelle parenté spirituelle, parrain et marraine avec une filleule ou un fieu. Ça du bon sens. Ça rend le mariage nul. Ça veut dire qui a pas de mariage pantoute. Ensuite l'Église ordonne la publication des bancs. Ça veut dire de dire au monde qu'qu'un vont se marier pour savoir si y a des empêchements à que'que part. Faut découvrir ces choses-là avant. Pis, y faut pas se marier devant un ministre ou une autorité civile comme un juge de paix parce que l'Église reconnaît pas c'ta sorte de mariage. Enfin, une fois marié on est marié jusqu'à la mort. Pas jusqu'à demain, jusqu'à la s'maine prochaine ou ben jusqu'à l'année prochaine. Non, jusqu'à un des deux meurt. Mais, torguieux, j'n'sais pas pouquoi on appelle ça "les bancs". On s'assit sur des bancs. C'est pas pour s'tenir deboute et chiâler les noms de ceusses-là qui veulent s'marier En tout cas, j'ai jamais r'çu le sacrement de mariage. J'aurais ben aimé le rec'voir avec mon Willé. Oh, que j'aurais-tu aimé ça. Mon pére et ma mére sont mariés au Canada à l'église Saint-Zéphirin-de-l'Alcovie dans un toute p'tit village caché dans les fonds des bois à que'que part au Québec. Ma mére s'en souvenait pas parce que mon pére l'a trainée hors de son village à elle pour l'am'ner loin dans les cantons des bûcherons. Y sont mariés sans fanfare ni trompettes, m'a dit ma mére. Ma mére s'est ennuyée à mort. Bon, c'est toute pour les sacrements.

On vire la page pis on trouve les Commandements. Rien de nouveau pour moé. J'les ai appris par coeur à l'école des soeurs. La soeur nous demandait chaque jour d'en réciter deux ou trois pis des fois 'a demandait à une de nous autres de toute les réciter un après l'autre. On savait jamais qui elle demanderait. C'était pour nous surprendre si on les savait ou non. Des fois, 'y en avait une qui pouvait pas les réciter pis 'a tremblait comme une feuille tellement 'avait peur. Marie-Jeanne Tremblay a pissé dans ses culottes un jour pis on pouvait voir la pisse sur le plancher. 'A tournée rouge comme une bette. Y'en a qui ont commencé à rire d'elle. La soeur y'a dit d'aller au cabinet vite. J'vous dis qu'a l'a couru vite comme une souris peureuse. C'était funné pis en même temps c'était pas drôle. Pauvre Marie-Jeanne. Pauvre elle. A-tu braillé c'ta journée-là. La soeur a jamais demandé à elle de réciter les Commandements après ça.

Le premier Commandement c'est à propos de Dieu lui-même car après toute c'est le grand boss, celui qui a créé toute nous autres, les femmes, les hommes, les enfants, les animals, les âbres, les poissons, toutes les bêtes savages, même les couleuvres et les éléphants, pis tant d'autres.

J'peux pas toutes les nommer. Ça m'prendrait toute la journée. En tout cas, vous savez ce qui existe s'a terre. Ça c'est à part la lune et les étouelles. Faut pas oublier le soleil non plus. Y f'rait frette sans l'soleil.

Qu'est-ce qui vient après ça, ben c'est encore deux commandements qui parlent de Dieu: faire attention de pas prendre le nom du Seigneur en vain. C'est-à-dire, blasphémer son nom sacré parce que le nom de Dieu, le vrai Dieu, y'en a pis y'en a des faux dieux, vous savez.

Y'en mouille partout. On appelle ça des idoles. C'est ça que la bonne soeur nous disait. Faullait ben la crère. On peut pas toute crère. On en aurait plein som casque. Pis, le Père Créateur est sacré. On peut pas y toucher pis on peut pas toucher à son nom en vain. C'est un nom sacré. Si tu touches à son nom en lâchant des blaphèmes ou n'importe quel mauvais mots, ben on peut se trouver mort raide. Le Bon Dieu peut nous arracher la vie en un clin d'oeil. C'est pour ça que j'ai tant peur de lui. Un vieux tocson mais un bon tocson quand y veut. C'est pour ça qu'on l'appelle le BON Dieu.

Ensuite, vient le bon commandement. Honore ton père et ta mère. Comment pas les honorer. C'est le coeur de la famille. Je sais ben que c'est dur d'honorer mon père quand y'est presque toujours plotté. Oui, mon pére c'est un saoulon, j'vous conte pas des mentries. J'dis la pleine vérité. Jamais vous m'pognerez à mentir. Que l'Bon Dieu tranche ma langue si jamais je dis pas la vérité. Pas de langue on peux p'us parler, c'est toute. Là la vieille fille Desruisseaux 'a dirait bon débarras parce qu'a peut p'us nous chanter des bêtises. C'est pas vrai. C'est elle qui nous chante ça à journée. 'A pas sa langue dans sa poche c'allà.

Une vraie vieille fille enragée. Que l'Bon Dieu la mette à sa place, dans l'purgatouère pour y chauffer la couenne.

Comme du lard salé ben roti. 'Tit Jean à mémére Dussault appelle ça des oreilles de chrisse. Faut pas dire ça comme ça user le nom du Christ pour du lard salé ou ben d'la bacon. Toute ça fait partie des sacres et des blasphèmes.

Maman disait qu'y faut laver la langue avec de l'eau et du savon quand que'qu'un maudisse comme ça. Ça arrive que j'm'échappe de temps en temps mais chus pas une pour blasphémer et prendre le nom de Dieu en vain. C'est contre le Commandement qui nous dit de pas l'faire. C'est toute.

Le prochain commandement se rapporte au dimanche, le jour du Seigneur. Le commandement dit se souvenir du sabbat. C'est les Juifs qui disent le jour du Seigneur comme ça. Pour nous autres les catholiques, c'est l'dimanche. 'Y faut aller à messe pis pas faire le gros travail de s'maine comme travailler au moulin ou travailler au pic et à pelle comme le font les travailleurs d'la ville 'Y travaillent fort ces hommes-là. En été la sueur leur pisse dans l'dos tellement 'y suent. Moé j'trouve ça terrible, faire travailler des hommes comme des bêtes. C'est pire que travailler au moulin malgré que l'moulin c'est pas mal dur itou. Ça fait suer les bonnes weaveuses, trempes en navette.

Ensuite c'est le commandement d'honorer son pére et sa mére pour vivre lomgtemps. Moé, j'm'attends de vivre longtemps parce que j'ai toujours honoré mes parents. Des fois mon pére m'embarrassait avec sa biére et son p'tit blanc aux veillées du sam'di souére mais jamais je lui ai porté déshonneur. Jamais. J'l'respectais et j'l'aimais. C'est ça honorer ses parents. Mon pére aimait mon Willé. Ça

j'l'sais ben. Mon pére et Willé s'accordaient ben ensemble. Pas de chicane. Deux beaux fouettes, bons et aimables. "Vous ne tuerez pas" est l'autre commandement. Pas besoin de m'l'dire. Pas de saint danger que je tuse une autre parsonne. On tue des poules et des lapins, mais pas de parsonne en vie. La vie pour moé est sacrée. Seulement l'Bon Dieu a l'droit d'la prendre. Pourtant on tue à guerre. C'est l'guiâbe lui-même qui a mis le guiâbe aux vaches, disait ma tante Idabelle. C'est horrible ces guerres-là, des massacres pis des tueries à n'en p'us finir. La premiére guerre était comme un mauvais fléau nous racontait mon oncle Thaddée d'Augusta. Lui en a vu des choses à guerre des choses que ma tante, Imelda, pouvait pas avaler tellement qu'en avait mal au coeur. 'A filait pour renvoyer chaque fois que son mari racontait son histoire. Ouais, tuer un autre ça nous met au même rang des bêtes savages. Faut pas devenir des bêtes.

Pis, le prochain c'est la fornication. Ben, ça, ça m'dit absolument rien. Qu'ossé ça mange en hiver? Ha, ha, ha. La soeur nous a pas parlé de ça. Peut-être parce qu'a savait pas quoi nous dire ou que c'était trop gênant pour elle.

Peut-être que c'était seulement pour les gens mariés. Que l'Bon Dieu la bénisse, lui et ses commandements. C'est comme le prochain qui nous dit de pas vouloir la femme des autres. C'est cartainement pas pour moé. J'en veux pas des femmes des autres, seulement mon Willé et mon Willé c'était pas une femme. Ensuite, "vous ne désirerez pas la maison du prochain, ni son serviteur, ni sa servante, ni son boeuf, ni son âne, rien." C'est tu platte un peu. Ça c'est pour le temps d'Abraham, comme on dit. Pas pour nous autres dans notre temps. C'est tu curieux un peu. Moé j'veux rien qui appartient à un autre. J'reste avec mes guénilles pis c'est toute. Aussi j'ai ben appris que les dix commandements s'appelaient aussi le décalogue. Le Bon Dieu engrava ce décalogue sur deux pierres peut-être parce qu'y avait pas de papier pour écrire. Pourtant Dieu aurait pu en inventer lui qui pouvait tout faire. Mais la pierre c'était plusse dure et ça pouvait durer plusse longtemps que du papier malgré que Moïse les a cassés ces commandements du Bon Dieu *right there* sur la montagne parce que les Juifs s'étaient mis à adorer des idoles comme le veau d'or. C'était tu fou d'eux-autres un peu, adorer un veau. C'est don' platte en verrat. Moïse doit avoir patché les morceaux pour qu'on aiye les commandements aujourd'hui.

Quant à moé j'aurais pu m'en passer parce que je les ai déjà engravés dans mon âme de bonne catholique. Pis 'a yé pas à gros grain, pas comme les rongeuses de balustre.

Monsieur l'curé pourra jamais la détruire en la rongeant avec ses mauvaises paroles. Y'é tellement bête celui-là, bête comme une araignée qui nous passe sur la main et nous fait peur pour en avoir le frisson. C'est deux créatures du Bon Dieu qui nous font peur, une qui nous mange la laine sur le dos et pis l'autre qui tisse des fils pour pogner ceux et celles qu'a l'aime pas. Parlons pas des araignés parce que ça m'donne des frissons du bas de mes bottines jusqu'à mes ch'veux.

Qu'est-ce que le cat'chisse nous parle après ça? Ben, on parle de l'obligation de suivre les Commandements afin de gagner la vie éternelle. Qu'est-ce que c'est la vie éternelle? Ben c'est la vie de l'âme humaine qui dure pour toujours.

Oui, pour toujours. Y'a pas de fin à ça. Vous souvenez-vous de l'inscription en enfer, TOUJOURS—JAMAIS? Ben c'est précisément ça, toujours sans jamais s'arrêter. C'est ben ben long ça. On peut pas l'expliquer assez et c'est inimaginable comme le disait Soeur Bougrèse. On peut pas imaginer ça l'enfer et le paradis. C'est un espace et un temps qui n'a pas d'espace et de temps. C'est tout à fait inimaginable et inconcevable, nous disait Soeur Bougrèse.

C'ta soeur-là était peut-être pas toute là comme on l'dit, y manquait un oiseau s'a branche moé j'dis, mais 'a l'avait du casque et un gros bon sens. Pas trop smatte mais assez smatte pour faire du bon sens et nous expliquer çartaines choses qu'a connaissait ben. J'dois y donner crédit pour ses bonnes qualités. Pas tout l'monde est parfait, vous savez.

Moé surtout. Il me manque plusieurs oiseaux s'a branche. Ben, retournons à nos moutons comme soeur Bougrèse disait. 'A nous arrive un jour avec ça. Bonguenne, 'a nous avait toute fait virer la tête avec ça. Qu'ossé ça voulait 'don dire avec des moutons? Pourquoi pas des singes, ou des canards, ou ben des *donkeys*, ou des autres bêtes du bon Dieu? 'A nous dit que ça v'nait de l'oeuvre de Rabelais.

Qui? Rabelais, un grand écrivain méprisé par les hauts snobs de son temps. Pourquoi? Parce qu'y parlait dur et employait des mots et des idées cochonnes qui mettaient le feu aux fesses à ceux-là qui étaient délicats dans leur parler et leurs maniéres pincées et hypocrites. Les étudiants voulaient qu'a nous lise un peu de ce livre. 'A nous dit, NON. C'est pas assez soigné pour vous autres, mes enfants. Vous n'êtes que des enfants après tout. D'ailleurs vos parents seraient choqués d'apprendre que la soeur vous a lu du Rabelais. J'ai pensé que ma mére aurait même pas su qui était Rabellè. Je savais même pas comment épeler son nom. Toute c'qu'a nous a dit c'était deux géants, Gargantua et Pantagruel qui mangeaient et buvaient des sciaux de manger et des grosses quantité de boissons. Des vrais défoncés et de vrais soûlons. Moé j'ai dit à basse voix, "Y'en a pas de géants s'a terre." Faut crère le soeur m'a compris parce qu'a répondu, "Mais ça existe dans les livres, dans la littérature." Que'qu'un a répondu tout fort, "qu'est-ce que ça mange en hiver la littérature?" "Fais pas ton fanfaron," a répondu la soeur. Moé j'ai dit, "Fais pas ton excité." Y m'a r'gardé de travers les yeux choqués et la baboune dans face. Y'était pas beau pantoute.

Pis, Soeur Bougrèse nous a dit que c'était dans ce gros livre où on trouve cette phrase, "Retournons à nos moutons." Ça voulait dire retournons à notre propos. A notre propos? A notre sujet. Ce que nous parlions avant de quitter le fil des idées et des mots. Et ben on va coudre" flanquait Ti-Gus Laprise. "Vous êtes de vrais ignorants vous les Laprise et vous les Gobeil qui aiment bien montrer leur petites caboches soumises aux insensivités contre la bonne parole pour faire rire les autres." Toute le monde en classe a pas lâché un seul mot après ça. Moé j'ai dit en moé-même, moutons, moutons,

moutons pourquoi pas des brebis. La Sainte Bible parle des brebis j'le sais parce que j'lisais la Bible le soir quand j'pouvais pas dormir. J'voulais pas lire des livres d'école. J'en avais eu assez pendant la journée.

En entrant à maison après l'école c't'a journée-là j'ai crié tout haut, "Retournons à nos moutons." Ma mére m'a dit, "Crie pas et fais pas ton excitée. Y'a pas d'moutons icitte."

"Y'en a à l'école de Soeur Bougrèse." "A vous montre de belles choses, c'ta soeur-là." Moé j'riais en d'dans d'moé. Et ben retournons au cat'chisse. On était rendu aux Commandements. J'ai fait mon possible de vous les expliquer. C'est toute. Vous avez seulement à les lire par vous autres même. Moé j'les sais par coeur. Pas besoin de les répéter. C'pendant, y'a en un qui m'frappe les nerfs et le coeur. C'est celui qui nous parle du scandale comme péché. Dans l'image on voit Jésus avec un enfant entouré des disciples. En haut des têtes, il y a un homme avec une meule de moulin autour de son cou. On est prêt à le j'ter à l'eau. Y'é ben ben proche du bord d'une grosse roche qui pend en l'air. Pourquoi est-il là, on s'demande. Yé là à cause de son scandale. Jésus dit que si un homme a causé un scandale par rapport d'un enfant il mérite qu'on lui attache une meule autour du cou et qu'on le jette à l'eau.

Néyé pour un scandale! Mon Dieu! C't'image me tord le coeur et pis ça m'fend la caboche tellement ça m'rapelle l'incident de Monsieur curé y'a ben longtemps.

J'l'oublierai jamais. Jamais! Y m'a mis un glaçon au coeur et ça m'reste frette comme d'la glace sans fondre. C'est lui qui parlait en chaire contre ceux qui causent le scandale dans paroisse. Pis y m'a visé drette dains yeux. J'savais ben qu'y parlait de moé. Y savait trop ben que j'vivais avec Médée. Mais y savait pas qu'on était pas accoté. On vivait seulement ensemble comme compagne et compagnon. Pas d'péché, pas de couchage ensemble. On savait partager l'argent comme ça, un seul loyer à payer pis on partageait les dépenses. Mais les gens croyaient ben qu'on était accoté. Pis Monsieur l'curé pensait pire que les paroissiens, y s'démontait dans chaire pour m'accuser de scandale. C'était *plain,* y parlait de moé. Je l'voyais trop ben. C'est là que j'ai embarqué au-dessus des jambes du monde dans mon banc et j'ai foutu l'camp. J'avais eu honte pour en mourir. C'est pour ça que l'image du gars avec la meule attaché à son cou me fait frémir comme une désâmée qui a pardu son âme au scandale. Chus pas une scandaleuse. Je scandalise parsonne, seulement ceusses-là qui charchent le scandale et pis l'imaginent. Eux-autres devraient avoir une meule attachée au cou pis j'tés dans la riviére Saco sans pardon….Monsieur curé avec.

Et ben, après les Commandements vient la prière. J'les dis mes prières de chaque jour. Médée les récite pas lui mais moé j'l'fais. Des fois je l'chicane pis j'viens à l'attiré de s'mettre à g'nou avec moé. Y veut pas tout l'temps mais j'viens à gagner sur lui. C'est un p'tit garçon à moman mais une ben bonne parsonne à coeur pareil à mon Willé. Mon Willé y'en a pas d'autre comme lui. J'prie pour son âme tous les jours. Pauvre Willé, pauvre, pauvre Willé. Mort par accident. J'aurais été si heureuse avec lui. Pour le reste de ma vie. J'prie pour que mon âme à moé rencontre la sienne au paradis. Je l'espère ben. Lui et maman. Une chance qu'on a la prière. Moé j'mets toute ma confiance en ça. J'ai pas d'autre chose. J'vous l'dis. Ma prière c'est un r'mède pour moé. Ça guérit ben mieux que les pillules rouge de matante Florilda de Woonsocket.

Y'a toutes sortes de priére: la priére du matin et du soir, celle avant et après les repas, la priére quand on est malade ou ben la victime de mauvaises langues et de pataraffes malins j'tés à pleine face qui nous fait pleurer en d'dans.

Des fois on croit que notre prière a pas été exaucée mais faut pas s'décourager ça vient quand ça lui vient de l'faire. J'veux dire l'Bon Dieu. C'est pour nous tester qui fait ça. Soeur Catherine-de-la-Sainte-Face nous disait ça. On l'appelait soeur face-lette.

Ben le cat'chisse dit que la prière est la plusse belle des choses qu'on peut faire pour obtenir ce qu'on veut. Mais c'est pas toujours vrai parce qu'on a pas toute c'qu'on demande même dans des cas où on prie avec force et ce que les soeurs appellant "ardeur." Comme quand j'ai prié pour mon Willé seye pas mort. Quand ils me l'ont annoncé qu'il était mort brûlé en vie dans un gros bâleur d'acide. Mon Dieu, mon Dieu j'ai crié assez fort que les voisins m'ont entendu jusqu'au bord de la rivière si loin que Madame Poisson qui travaille avec moé au moulin me l'a dit, pis elle 'a reste ben ben loin. C'est pas vrai. La prière au Bon Dieu est pas exaucée tout l'temps. J'sais pas pourquoi la mienne a pas été exaucée. Pourtant j'ai-tu prié fort que mon Willé deviendrait mon mari et que nous aurions des enfants un jour. Moé qui aime tant les enfants, j'en ai jamais eu. J'ai arrêté de prier pour un ben boutte de temps, mais que voulez-vous la vie sans prières pour moé, c'est une vie morte, sans espoir. Au moins y faut crier au ciel quand on est pardu sans rien à dire à parsonne. Parsonne, Comprenez-vous? On l'fait parce qu'on a un p'tit brin d'espoir dans l'âme comme moman l'disait quand 'a s'trouvait tout à fait pardue avec papa, le soûlon d'sa côte. Pauvre moman.

Ben voilà ce que le cat'chisse dit ensuite. Y parle du Notre Père que Notre Seigneur a enseigné à ses apôtres. Faut crère que c'était avant que Judas se torde le cou, le tannant de voleur et hypocrite. C'est comme ça que j'l'appelle.

Y'avait les yeux croches aussi ben que l'coeur. Je'l'dis, c'était un espèce de 'tit-Jean-l'évêque et tocson, un voleur et un fainéant comme j'peux voir. Un gros lâche itou.

Parsonne le voulait près d'eux-autres. Seulement Notre Seigneur parce qu'il était ben patient avec lui. J'sais pas pourquoi y l'a choisi comme apôtre. Soeur Bougrèse nous a dit c'était parce que l'Seigneur pensait que Judas allait se convartir et changer de couleurs. C'est pas comme ça qu'on dit ça. *No, sirree!*

La prière du Christ(j'aime pas ça l'appeler Christ, ça sonne comme un blasphème; seulement les Protestants l'appelent comme ça) nous est donnée pas seulement avec des mots, mais 'ya des images itou (c'est pour ça qu'on l'appelle le cat'chisse en images. Je m'aparçois qu'il y a des guiâbes en bas à drette. Des guiâbes cornus qui essayent de tenter un moenne en prière. Y'en a une qui ressemble à une bête, peut-être un loup avec un long museau. Y'a des guiâbes un peu partout dans ce livre. C'est pour dire que les guiâbes sont partout dans l'monde. C'est ça que nous disait soeur Bougrèse. 'A nous faisait peur avec ça, surtout moé qui était peureuse quand j'étais jeune. Chus plusse déniaisée astheure.

La page de prière nous dit de prier avec ferveur tout comme la soeur nous disait en classe. J'ai jamais su qu'est-ce que ça voulait dire. Les yeux farmés ben fort, les mains jointes, la voix ben forte, ou le coeur ben ben tendre assez pour pleurer, j'ne savais jamais. J'priais pis c'est toute, le mieux que j'pouvais. Le p'tit Jésus pis la Sainte Vierge comprenaient, chus sûre. Y comprennent les simples d'esprit comme moé. Mes prières étaient pas toujours exaucées, c'est peut-être parce que j'priais mal. Mais, j'priais quand même. La prière monte en haut jamais en bas en enfer. Ça j'l'sais ben. Ça peut pas faire autrement. Ma mére me le répétait souvent. Manque jamais de prier. C'est ça qui compte dans la vie, pas les paroles inutiles. Avait du bon sens ma mére. 'A ben souffert dans vie, ma mére, a souffert avec mon pére, avec mes frères et des voisins qui l'achalaient et la faisaient enrager des fois. Jamais moé.

J'l'aimais, ma mére. Ça m'fais penser à la p'tite chanson, "Ne fais jamais pleurer ta mère," une chanson qui peut faire pleurer les vaches, comme le disait mon grand-pére Gédéon. Y'était don' plein de fun c't'homme-là. Moqueur itou. Y faisait enrager ma grand-mére,

Isabelle. Était sévère ma grand-mére, scrupuleuse itou. 'A endurait mal mon grand-pére, lui pis ses farces et ses histoires malpropres[ses histoires de cul, comme le disait Monsieur Philippon]. Ma grand-mére avait la langue comme un couteau et 'a pouvait darder n'importe qui si 'a l'trouvait pas de son goût. Pauvre elle, 'a pouvait même pas se sentir elle-même. 'Avait toujours la fale basse et les yeux fâcheurs comme si 'a voulait se venger sur quelqu'un ou que'chose. Toute c'qu'elle aimait c'était son p'tit chat noir, celui qui sortait toujours ses griffes si on l'approchait. Un vrai p'tit démon. Pour pas pardre le fil de ma pensée et la page du cat'chisse, je r'tourne où j'étais. Sans ça vous allez me traiter de décousue et de sans-dessein. Je l'sais trop ben. J'vous l'dis carrément que chus pas une sans-dessein parce que chus pas sans savoir qui chus et comment faire les choses. Chus un peu plate des fois mais chus pas ronde comme une saoulonne jamais trop claire dans sa tête. Chus ben claire et je sais trop ben comment faire les choses à ma maniére, pas toujours à la maniére des autres qui crèyent que le monde tourne seulement autour d'eux autres. Des vrais sent-la-marde. Des vrais égoistes comme le dirait soeur Catherine-du-Précieux-Sang. 'Avait pas la langue dans sa poche.

C't'elle-là. Ben, me voici encore dans l'trou d'la sans-dessein. Faut en sortir.

Ben la prière c'est elle qui nous sort du trou. C'est elle qui nous delivre de toutes les doutes s'a terre. Doute de l'existence du Bon Dieu; doute qu'on est seule s'a terre; doute qu'on peut faire toute chose seule; doute que les affaires s'arrangent toute seule; doute qu'on peut s'arranger sans l'aide d'un autre et surtout sans l'Seigneur; doute que le ciel est ouvert à tous ceux qui le cherche; doute que le ciel nous aide si on le veut; doute qu'un jour on ira au ciel; doute qu'on peut faire toute avec l'aide de Dieu; doute que les autres peuvent nous aider si on les laisse faire; doute qu'on peut rien faire sans savoir qu'on peut tout faire si on s'y met; doute que la Sainte Vierge est toujours là si on la prie; doute après doute après doute.

Faut pas douter Dieu; faut le prier pour voir clair dans nos affaires. Mais bonguenne on est pas toujours exaucer. Pourquoi? Parce que vous priez mal nous disait l'curé en chaire. Prier mal, qu'ossé ça veut dire? Des fois j'comprends pas l'curé. 'Y prie-tu mal l'curé? 'Y prie-tu mal la messe du dimanche des fois? Lui aussi est humain comme nous autres. 'Yé de travers des fois comme nous autres. La soutane fait pas de lui un saint. J'me demande des fois si l'Bon Dieu porte une soutane, et si la Sainte Vierge porte toujours du bleu, des choses comme ça. C'est-tu fou un peu de penser comme ça. La tête me vire et vire pis j'deviens un peu folle comme la Desrosiers. Elle est vraiment folle. Elle chavire avec ses cancans et ses caprices de vieilles plottes. 'A m'enrage des fois mais faut la comprendre pour pas la aguir. C'est pas chrétien pantoute. Faut aimer son prochain et prier pour lui…et elle. Sont pas toute des hommes comme vous le savez. Y'a des femmes comme moé.

Pour en finir avec la priére, j'veux vous dire comme le dit le cat'chisse en images, que la priére est avant toute un murmure de l'âme et du coeur comme le disait mémére Potvin. Elle c'était une bonne parsonne avec du coeur. 'A aimait tout l'monde même les sans-coeurs, les mal-aimés, les saints-ni-touche pis même les estropiés, tout l'monde. 'Avait un bon coeur mémére Potvin. 'A portait pas son coeur dans ses bottines. Pas d'saint danger. Y'en a trop qui en n'ont même pas. Y sont sans coeur et sans confiance dans eux-mêmes. Des parsonnes vides de toute ce qui est vraiment bon. Y sont des pailles dans l'vent. Vides. Pas rien d'bon dans ça. On l'coupe pis on l'brûle disait Madame Lapierre s'a Graham. 'A connaissait ben des choses pis 'a laissait à savoir aux gens qui avaient besoin de savoir sa façon d'penser. Mon Dieu qu'ètait ouvarte dans sa parole même avec Monsieur l'curé. 'Avait l'écorce dure disait Monsieu Francoeur. Y la connaissait ben, trop ben. 'A virait sur ses talons quand Monsieur Francoeur 'y disait que'que chose qu'a aimait pas. Pauvre elle, mais Monsieur Francoeur avait pas pitié d'elle pantoute. 'A l'mérite, disait l'homme à la franche vérité. Moé j'aimais pas blesser l'monde même si j'les aime pas. Faut toujours faire attention de pas faire du tort à que'qu'un. C'est maman qui me disait toujours ça. 'A baissait les yeux et 'a m'le disait tendrement suivi d'un long silence. J'm'en souviendrai toujours.

Chus don' sans-dessein des fois, tellement sans-dessein que j'ai oublié de finir le chapître sur la prière. Pourtant j'm'étais promis de l'faire. Sans-dessein en torguieux…en verrat. Poufff! C'est fini, c'est toute. Pas besoin de m'le faire dire. Le guiâbe m'a eu par sa grosse queue en flèche.

Poinggg! C'est don' bête. Le guiâbe et la priére, ça marche pas. Y'aime pas ça quand on prie, j'lsais ben, mais j'l'fais quand même. Fini l'chapître. Il est fini, Il est fini le pot-pourri. Vive la bonne chanson et crions la hautement. Youppie!

Ben astheure 'y faut parler de l'autre chapître: ce que le cat'chisse appelle "les fins dernières."

J'aime pas ben ben ça les fins dernières parce que ça veut dire la mort. J'aime pas pantoute la mort. Ça m'donne les frissons. C'est pas trop une idée qui nous donne un plaisir comme le chocolat, l'*ice cream*, ou ben d'la visite qui nous vient de loin. Comme tante Amanda Letellier de Victoriaville. 'A v'nait rarement la tante à moman, seulement pour des noces ou des funérailles. Tante Amanda nous donnait toujours de ses nouvelles au Canada et 'a nous faisait rire avec ses histoires et ses p'tites chansons. Je l'aimais ben tante Amanda. 'Est morte astheure. C'était du plaisir de l'ancien temps comme on dit. C'est fini toute ça.

Ben la mort nous vient quand on s'en attend pas trop souvent. Des fois après une longue maladie ou des fois du jour au lendemain, comme mon pére. Un jour yé ben le lendemain yé tombé mort comme ça. Moman s'en attendait parce que mon pére était saoulon et son foie était massacré par la boisson. Un vrai ivrogne assez pour s'en confesser, disait matante Marianne. 'Avait pas la langue dans sa poche elle. Non, monsieur, non. 'A disait toute c'qu'a pensait. 'A abriyait rien et 'a cachait rien. POW, dans face comme ça.

R'culez-vous la v'la avec ses pataraffes. 'Avait pas peur de parsonne.

Y'en a qui attendent la mort et d'autres comme moé qui la veulent pas. Ils la chassent au plus loin que possible. Mais que voulez-vous, elle est toujours à nos portes. La mort est ben patiente pis 'a nous attend avec une brique et un fanal, comme le dirait mon grand-pére Lanouette. 'Y s'appelait Julien. "Julien". Sa femme 'y disait, "farme-toé avec tes paroles inutiles." Lui d'y répondrre, "Farme-la don' ta tinette, espèce de femme malendurante." Pis la chicane prenait. J'ai jamais vu deux parsonnes pour se chicaner si souvent à cause des mots qui sortaient de leurs bouches.

Deux enfants en chicane, deux polissons mais deux parents qui aimaient ben leurs p'tits-enfants. J'ai jamais compris ça. L'Bon Dieu les bénisse! Assez ça. 'Y faut que j'parle des fins dernières parce que le cat'chisse en parle pleinement. J'pourrais ben le skipper mais je sais que je tricherais. Faut être fair comme le dirait Madame Atkinson. Vous la connaissez, j'en ai parlé dans mes autres parlettes que je vous ai données. Elle pis la Farley étaient des amies. Des amies irlandaises qui parlaient leur langage qu'on appelait le *brogue*. J'sais pas comment parler ça c'te parlage-là. C'est un peu étrange. Un angla's étrange. j'vous l'dis.

Ben, comment vous parler des fins dernières. J'vais vous en parler avec pureté d'intention, comme le dirait soeur Bougrèse. Avec la vérité dans l'coeur et dans l'oeil. Ce que j'lis c'est ce que je vous transmets. Drette du coeur et de la franche vérité. Pas de mentries ni d'abriyage comme le font les parsonnes qui troussent le nez. C'est-tu don' embêtant.

Crèyez-moé ou crèyez-moé pas. Chus pas menteuse. J'l'dis comme ça vient. C'est don' choquant quand on nous dit pas la vérité. Moé toujours, ça m'tord les nerfs et ça m'fait penser au démon qui nous insulte avec ses mauvaises pensées d'enfer. Yé toujours à nous tourmenter créyez-moé ou créyez-moé pas.

Le fins dernières sont les derniers moments avant la mort, les moments les plus importants de notre vie, je dirais, parce qu'on est au seuil de l'éternité comme nous le disait soeur Joseph-de-la-Sainte-Famille. C'est toute un nom ça. Les soeurs ont toutes des noms avec des trains de noms, comme des *cabooses*. Les soeurs avaient toujours une réponse. Y'en qui faisait pas de sens mais d'autres qui avaient du bon sens. On en prenait pis on en mettait de côté. J'étais pas toute à faite niaiseuse pour avaler toute ce que les soeurs nous disaient. Y'en avait qui avait pas le mérite d'être assez smatte et d'autres qu'on trustait parce que c'était la vérité. J'me demandais souvent si le cat'chisse en images était la franche vérité ou non, mais y fallait le truster parce que ça v'nait de Paris, la grande ville de notre culture française. Quand je r'garde le couvert de mon cat'chisse je vois ben écrit en bas, PARIS MAISON DE LA BONNE PRESSE, 5 rue Bayard. Ça vient de là.

Paris et Rome voilà les deux centres de notre existence à nous les Canayens. Pas les Irlandais parce qu'ils pensent pas que Paris est assez important dans leur vie à eux. C'est l'anglais qui leur est si important toute comme les Yankees. Y sont toutes des têtes de pioche *anyway*.

Le cat'chisse nous dit que les fins dernières sont la mort, le jugement, le ciel, l'enfer. Pis on nous dit de penser souvent aux fins dernières. Ça nous empêche de pécher. Moé j'y pense pas trop souvent parce que ça m'remplit de peur la mort. J'tremble dans mes bottines. J'l'dis à parsonne. Y vont rire de moé. Je le disais à mon Willé et lui me disait toujours arrête de penser à ça, tu vas te rendre folle pour rien. Alors, j'y pense presque pas. Il était don' fin mon Willé. Je l'manque en masse aujourd'hui. Il a connu la mort vite, une mort terrible. Chus sûre qu'y est rendu au ciel.

C'était un homme qui savait aimer. Ceux qui savent aimer, vraiment aimer, vont drette au ciel. C'est çartain. Monsieur l'curé de la paroisse de la ville d'à côté, Saint Jean Chrysostôme nous a déjà dit que c'était écrit dans l'évangile de Saint Jean. Moé je l'ai cru toute d'suite.

L'amour de Dieu pour nous autres ses créatures est si grande qu'on peut pas la mesurer ni même la comprendre. On peut seulement l'accepter en l'aimant en retour.

Comment? Le curé a dit en aimant son Fils, Jésus Christ. Jésus Christ a pris notre nature humaine et a souffert pour nous tous afin de nous sauver, sauver de l'enfer. Ç'avait ben du bon sens. Moé j'cré à l'amour, l'amour de Dieu et des autres. J'l'sais qu'il y en a qu'on pourrait vraiment détester parce qu'ils sont détestables, mais y faut essayer de passer à côtê de leur manque d'amour à eux et penser qu'y sont aimables en'dans parce que l'Bon Dieu les a fait de même, pas aguissables, pas détestables mais avec la possibilité de s'faire aimer. J'ai ben aimé ses sermons de ce curé. Ça c'était un bon curé, pas comme l'autre qui m'faisait choquer en me brûlant la peau et le coeur. Ah, l'amour fait ben des choses. Elle nous fait voir avec des yeux qui pénètrent le dedans d'une parsonne et nous montre la franchise du coeur. Moé j'peux voir le dedans d'une parsonne si je veux parce que j'ai le coeur pur. C'est un cadeau du ciel que j'ai. Chus née comme ça. Ma mére me l'a dit. Chus pas plusse fine que les autres mais chus contentte que j'ai ce cadeau du ciel. J'l'dis à parsonne excepté vous autres. J'l'sais que vous me crérez et que vous n'irez pas répandre des bêtises sur mon compte. Chus pas bête, ni folle ni menteuse, et surtout pas gnochonne.

Ben le cat'chisse dit que la mort prend soin de toute. La mort met fin à toute et 'a nous laisse sans corps. Je veux dire que l'corps est séparé de l'âme et l'âme s'envole vers l'éternité. Moé j'comprends pas trop qu'ossé c'est l'éternité. Toujours, toujours, toujours c'est long en chien. J'peux pas m'faire l'idée de ça. Ça m'fait virer la caboche et j'deviens étourdie. Faut crère que l'Bon Dieu le veut comme ça. On le comprendra mieux une fois arrivé là-haut. Torguieu, j'peux pas m'imaginer qu'ossé c'est l'éternité. J'm'en fou ben quand le temps arrivera que je lève les pattes, ben, mon âme va monter et monter jusqu'à ce que j'voye pus la terre. Mon corps lui restera enterré dans la fosse et il pourrira jusqu'à ce qu'il reste que la poussiére et des os. Mon Dieu, j'me vois une squelette.

C'est don' laitte une squelette. Ça m'fait peur.

Et ben, le cat'chisse dit que l'heure de la mort est cachée et qu'il faut se préparer pour la mort. En tout cas, moé chus prête. Que ça vienne aujourd'hui ou demain, j'ai fait mon bagage. Chus une bonne parsonne et je vis avec mes mérites. Qu'y viennent pas m'accuser d'être condamnée en enfer parce que j'aguis l'enfer et les démons. J'irai jamais me tremper là-dans. Ma conscience est claire et je fais du bien à toute et chacun que j'rencontre dans vie. Que voulez-vous que j'fasse de plusse? On fait ce qu'on fait et que l'diable emporte le reste, comme dirait mon grand-pére Tousignant.

Quant au grand tableau d'la page à côté, le cat'chisse nous l'explique ben. Premièrement, il faut "se pénétrer de la vanité des choses de la terre et s'attacher uniquement aux biens de l'autre vie." Moé chus pas vaniteuse. J'l'ai jamais été. J'me chus jamais faite accrère comme ben des filles que j'ai connues. J'ai jamais voulu ce qu'on appelle les belles choses dans vie comme des bijoux, des belles robes de dentelle, des chapeaux de belles demoiselles, et toutes les choses qui coûtent de l'argent. D'abord j'ai jamais eu de l'argent dans mes poches. J'ai travaillé fort au moulin et j'ai jamais dépenser pour rien. J'ai ben aidé à ma mére. J'y passait souvent d'l'argent parce que mon pére y en donnait rarement. Y dépensait toute sur la biére avec ses chums à barroom. Non, chus pas vaniteuse et c'est pourquoi que les belles choses de la terre m'intéressent pantoute. Pas une miette. D'ailleurs, j'ai pas besoin de m'crère belle. J'l'sais trop ben que chus pas belle. Chus pas laitte mais chus pas belle. Pourquoi s'en faire avec la beauté et passer son temps au *beauty parlor* ou chez la modiste et dépenser son argent là-d'ssus. Ah, ça m'écoeure toute ça. Mes amies me disaient que j'appartenais dans un couvent avec les soeurs. Me voyez-vous avec une bunch de soeurs toutes habillées en noir avec un vouelle ou une capine comme les soeurs de la Présentation. J'ai toujours appartenue icitte avec le vrai monde, mon monde à moé. Pas de sainte-nitouche avec moé. Le ciel est pour toute le monde, même les simples d'esprit comme moé. J'ai pas besoin de m'enfarmer dans un couvent. Mon Dieu j'aurais tant aimé de passer ma vie avec mon Willé. Ç'aurait été mon ciel s'a terre.

Ben le grand tableau c'est à propos de la mort de l'Impératrice, Isabelle. On nous parle de François de Borgia, un gentilhomme à la cour de Charles Quint. Ça comme j'peux voir c'est en Espagne. En tout cas, on transporte le corps à Grenade. On ouvre le cercueil et on demande à François de regarder le visage de la morte pour faire certain que c'est celui de l'Impératrice. Le visage est tellement défiguré que le gentilhomme en a horreur. A part de ça, y'a une terrible puanteur qui sort de la tombe. Toute le monde qui est là se sauve. Après ça, François de Borgia devient tellement impressionné par toute ça qu'il renonce aux vanités du monde. V'là encore ce mot. On l'use souvent dans les histoires des saints. Plus tard, François de Borgia entre dans la Compagnie de Jésus. Ma chum me dit que c'est les Jésuites. J'en connais pas de cette communauté-là. J'apprends ben des choses avec c't'histoire-là. Ensuite vient l'explication des images en haut pis en bas. En haut, y'a une femme et un homme en bonne santé qui se regardent dans un miroir et voient la tête d'une squelette. Au d'ssus son litte, Aujourd'hui, et en bas du crane de la Mort. C'est ben vrai que la mort nous attend, beau ou laitte.

Toute en bas, on voit un cim'tière avec deux fosses ouvartes et les deux avec une squelette, La pleine représentation de la mort et les fins dernières. C'est un tableau qui nous fait trembler jusqu'à nos orteils.

La page ensuite nous montre encore les fins dernières avec LA MORT DU JUSTE ET LA MORT DU PÉCHEUR. Un bon pis un méchant. Le cat'chisse nous dit que la mort du pécheur est ben mauvaise et nous donne comme exemple la mort d'Hérode et la mort de Judas. Un mangé par des vers et l'autre pendu avec ses tripes[eux-autres disent entrailles] répandues partout. Moé j'l'savais déjà que ces deux snoraus étaient damnés en enfer à cause de ce qu'y avaient fait au Christ et surtout parce qu'y voulaient pas confesser leur gros péché de traitre. C'est pas que l'affaire de refuser d'être pardonner et faire l'orgueilleux. L'orgueil tue son maître, nous disait soeur Bougrèse. Moé itou j'cré ça. Chus pas orgueilleuse et j'm'en fais pas accrére. Pantoute. J'en connais ben qui s'vantent d'être plusse belles, plusse intelligentes et plusse fines que les autres, mais qui sont les plusse orgueilleuses de la paroisse et qui nous insultent avec leurs mentries et leur saint-ni-touche manières de faire les choses. Ça m'pue au nez. C'est plus fort que moé, j'vous dis, ça sent la marde. Excusez la.

Le tableau nous montre en haut la mort du juste avec un prêtre qui tient un crucifix au-dessus du mourant. Pis, 'y prie sur le mourant qui va se rendre au paradis parce qu'il est juste. Juste veut dire qu'y est sans péché sur sa conscience et qui a passé une vie sans trop faire du mal.

C'est ça que nous disaient les bonnes soeurs. J'espère ben de faire la juste toute ma vie parce que j'n'veux pas aller en enfer. On sait ben il y a le purgatoire mais ça c'est pas pour toujours. Au moins, ça c'est une consolation pour ben des âmes au purgatoire. J'l'sais que j'irai pas drette au ciel, mais passer par le purgatoire c'est pas trop pire. Chus bonne mais pas assez bonne comme les saintes pour aller tout drette au ciel comme la Sainte Thérèse de Lisieux et la Sainte Bernadette de Lourdes. Eux-autres ont vraiment eu la chance d'être choisies par le Bon Dieu. Il y en a qui sont choisies comme ça. Bande de chanceuses. Moé qui a travaillé fort toute ma vie dans un moulin, j'étais pas assez smatte pour être choisie, j'l'sais ben. Ma mére m'disait toujours, "Parle pas comme ça, t'es pas si mauvaise et malendurante que ça. Tu fais confiance à tout l'monde, pis tu as bon coeur. Et tu en as une tête sur tes épaules. Est pas vide" Pis moé j'y répondais, "Oui, une tête presque vide." Pis, on commençait à rire toutes les deux.

Le tableau d'en-bas nous montre un autre mourant mais un homme qui va aller drette en enfer, un homme avec ses péchés. Vous en souvenez-vous du programme à la radio le mercredi soir qui nous venait du Canada et qui s'appelait "Un homme et son péché"? C'était Sérafin Poudrier si j'm'en souviens ben, un pince-la-cenne, un vrai torguieux d'avare sans bon sens. C'était drôle c't'histoire-là et pis ça nous faisait penser à ceusses-là qui sont avares et qui baisent la cenne tout l'temps. Y'en a partout de ces parsonnes-là. J'en connais et vous en connaissez, chus sûre. Des vrais démons de la piastre. J'aimais don' ça ce programme. Avec le temps y'on enlevé l'programme et pis on est resté sans programme du Canada. C'est don' d'valeur. Mais y faut que je continue de parler du cat'chisse parce que j'vas manquer le fil de mes pensées. J'l'ai dit souvent mais ça m'sort de la mémoire. Une vraie mémoire de chien.

Et ben, le mourant pécheur a lui aussi un prêtre avec un crucifix mais y'est habillé en noir lui. Le mourant ressemble déjà un démon, un torturé. J'en ai vraiment peur. Les flammes de l'enfer l'attendent. On voué le feu. En haut y'a le Christ qui l'attend avec sa croix et des parsonnes en bas qui sont en pleurs. C'est vraiment d'valeur le voir comme ça. J'en ai le coeur tordu. Jamais, jamais je voudrais devenir comme lui. C'est ça la leçon de cette page du cat'chisse en images.

Je tourne la page et je voué une autre page des fins derniéres—le jugement. Ah, ça m'gêle les sangs. J'ai toujours eu peur d'être jugée, jugée par Monsieur l'curé, les bonnes soeurs surtout la supérieure, Mére Albertine-Marie, Monsieur Tousignant, le boss au moulin, et la madame qui nous sert au store de dix cennes. J'sais pas son nom mais elle est dure et bête quand elle nous sert. Est plusse que déplaisante. J'l'aime pas pantoute. J'fais toute pour m'en éloigner. 'A l'a les yeux d'une démone. Les yeux noirs et brûlants comme des charbons ardents, comme le dirait Madame Lebel. J'peux pas la sentir. C'en est une qui m'pue au nez. Faut pas que j'y pense.

Et ben, cette page-là parle du jugement particulier qui veut dire de chaque parsonne. Ça arrive tout juste après la mort. Je me d'mande souvent qu'est-ce que c'est la mort. On sent-tu la mort ou non? Ça doit être frette la mort. Le sang arrête de couler dans les veines pis l'âme sort du corps. C'est ça que disent les gens. Et ben, on voit le juste mort dans son litte et son âme toute habillée en blanc est portée devant le Christ par un ange. A drette du Christ y'a Joseph et Marie. Deux anges à côté du Seigneur ont une balance. C'est comme quand on achète qu'que chose pis on pèse c'qu'on achète. Ya-tu des balances au ciel? A drette dans le tableau, il y a un autre mourant, laitte comme la mort, torturé par ses péchés. C'est le pécheur. Y doué pas avoir eu le pardon de Dieu avant de mourir parce que son âme est tirée avec des chaines par des démons noirs. Y veulent l'amener en bas en enfer. Pas de miséricorde pour lui.

Pauvre homme. J'sais pas pourquoi ya pas demander le pardon avant de mourir. C'est-tu don' terrible une mort et un jugement particulier quand les démons prennent l'âme du mort pis l'emporte avec eux-autres enchainée. Moé j'voudrais pas mourir comme ça.

Chus pas plusse fine que les autres mais, au moins j'cré dans un Bon Dieu qui pardonne et qui nous chicane pas sans avoir écouter à nos priéres de supplication comme le dirait soeur Bougrése. *"You have to beg the Good Lord for his mercy,"* me dit toujours Madame Farley, l'Irlandaise.'A du bon sens, c't'a femme-là. Sortons de cette page, ça m'donne des frissons. Ensuite, c'est la page **DU PÉCHÉ EN GÉNÉRAL—LE PÉCHÉ ORIGINEL** – Mon Dieu, y'en a don' des péchés! J'connais le péché originel parce que la soeur nous l'a expliqué. C'est le péché d'Adam et Ève. C'est elle qui a péché *first* après 'a donné la pomme à son mari. J'sais pas si y'étaient mariés ou non parce qu'y avait pas de prêtre dans c'temps-là. *Anyways,* Adam en a mangé pis les deux ont commis le premier péché, le péché originel. Y l'ont passé à nous autres aprés ça. Torguieu c'est pas d'ma faute si eux-autres ont péché. J'devrais pas être punie pour le péché des ancêtres surtout des ancêtres de ben ben ben loin du premier jour. Mais c'est fait et on doit souffrir comme toute le monde excepté la Sainte Vierge, nous a dit soeur Bougrése. C'est l'Immaculée Conception et est née ou plutôt conçue sans péché originel, sans tache nous a dit la soeur. C'était ça le message à Bernadette Soubirous. Oh, j'aimerais tant y aller et voir la grotte à Lourdes. J'ai pas besoin de vous l'expliquer de plusse parce que vous connaissez l'histoire. Et c'est pour ça qu'y faut être baptisé. Parce que ça efface le péché originel. Avec le baptême vient le parrain et la marraine. Pour moé, c'était matante Aurise et mononcle Ovide.

Ensuite pour le péché en general, le cat'chisse nous dit que le péché est une désobéissance à la loi de Dieu. C'est ben simple et c'est facile à comprendre. Faut être gnochonne pour pas comprendre ça. Hey, j'vous accuse pas de l'être, non, j'accuse parsonne. Simplement qu'il y en a qui on la caboche vide et qui comprennent rien. 'Y faut toute expliquer mot à mot comme le faisait matante Yvonne à sa soeur Adrienne. 'Était un peu en arrière c't'al-là. C'était pas d'sa faute. Y'en a comme ça, que voulez-vous.

Le cat'chisse nous dit que parmi les suites du péché originel il y a la misère dans vie et la nécessité de mourir. J'sais pas pourquoi les premiers parents ont pas pensé avant de manger la pomme défendue. 'Y nous auraient sauvé de c'te péché-là. La mort itou. On s'rait mort comme la Sainte Vierge, endormie plutôt que mourir raide. C'est la soeurqui nous l'a dit. J'peux pas m'empêcher de penser à c'ta mardite mort. Je sais qu'un jour j'vas mourir mais j'aimerais mieux m'endormir pour toujours comme l'a faite la Vierge Marie. Chanceuse! 'Y a aussi un mot qui me tracasse, c'est la concupiscence. Qu'est-ce que ça veut dire? Le cat'chisse nous dit ça nous porte à "l'amour déréglé de nous-mêmes, des richesses et des plaisirs." J'comprends pas pourquoi les plaisirs. Pourtant y faut en avoir du plaisir, du fun s'a terre. 'Ya rien d'mal avec ça. Faut se désennuyer des fois quand on a les bleus. Vous comprenez ça. Pour moé, la concupiscence est un mot faite par les gros bonnets de l'Église pour nous mêler dans nos affaires de r'ligion.

En tout cas, j'mets ça de côté pour astheure. Ça m'rend malade ces affaires-là. C'est toute.

Le tableau représente Adam et Ève sous un gros arbre avec le démon cornu tortillé comme un gros serpent la tête dans les feuilles souriant dans sa barbe. Y sait que la femme va tomber en tentation. 'A va manger du fruit défendu de l'arbre de la science du bien et du mal et pis 'a va connaître la mort et les douleurs de mettre au monde un enfant. C'est la même chose que nous disait la soeur. 'A va en offrir à Adam. On les voit les deux les fesses cachées dans les branches des p'tits *bushes*. Ève a les beaux ch'feux longs et Adam a une barbe courte. 'Y sont assez beaux tous les deux. Sont pas des démons non plus. Toute en bas on voit les deux chassés par un ange avec une épée et au loin on voit la mort qui les attend, une squelette habillée avec un drap blanc une faucille [eux-autres disent une faux] à la main. En haut, à drette, il y a un baptême et on sait pourquoi. J'ai pas besoin de vous l'expliquer. A gauche il y a trois croix, la croix du Christ le Sauveur avec les deux voleurs. C'est pour montrer la rédemption du monde. Mon Dieu que le Christ a souffert pour tous nous autres.

J'l'comprends. Ben, il faut que j'dise que c'est un ben beau dessin avec des animals, des feuillages et le gros serpent.

Oui, y faut crère qu'avant la chute des premiers parents c'était un vrai paradis terresre, comme l'a dit soeur Bougrèse. C'est comme ça qu'a l'appelait, la chute. A devait savoir ce qu'a disait. Avait étudié le cat'chisse pendant des années. Mon Dieu, vivre dans le paradis terrestre, ça devrait être ben beau et plaisant….mais sans sarpent de démon cornu.

Je tourne la page et j'vois **LES PÉCHÉS CAPITAUX— L'ORGUEIL**

Mon Dieu y'en a ben des péchés! J'vous en ai déjà parlé des péchés capitaux pis leurs symboles, mais il faut suivre le cat'chisse comme 'y faut. Après toute y vient de Paris.

J'espère un jour y aller…mais j'cré pas pantoute de l'faire à cause de l'argent. Ça coûte cher un voyage comme ça pis j'ai pas les cennes pour l'faire. Chus pauvre pis c'est toute. Je l'accepte. Chus pauvre mais chus pas orgueilleuse. Paris c'est pour les plusses distingués, ceux qui ont de l'argent et qui s'trouvent chanceux dans vie. Moé chus ni un ni l'autre. Chus du p'tit pain et j'mange la croûte le plusse souvent.

La mie et la croûte, c'est toute, disait mon grand-pére Adelard. Lui avait toujours la parole nette et courte. Je r'tiens de lui. Jamais la parole trop longue comme y'en a ben.

Quant à l'orgueil, le cat'chisse dit que "l'orgueuilleux cherche à faire parader les qualités qu'il croit avoir." C'est pas moé. Chus pas orgueilleuse et chus pas vaniteuse. J'm'en fais pas accrère. Avec l'orgueil on s'élève au-d'ssus des autres, c'est-à-dire qu'on s'élève plus haut que l'trou comme on dit. J'en connais une qui fait ça, la Bellefeuille. 'A s'cré tout l'temps avec ses beaux chapeaux, ses belles robes de soie, ses gants de cuir de chameau, ses souliers toute ben shinés, et toutes ses dorures ach'tées au store à dix cennes. C'est la belle aux choses manquées parce qu'y manque que'que chose là-d'dans, la vraie femme. La vraie femme aime pas s'faire accrère et s'faire dire qu'est don' belle quand 'a yé pas. La Bellefeuille est une mentrie du jour au soir. Une vraie orgueilleuse. C'est de l'hypocrisie pure et ça m'pue au nez.

Pour le tableau, on nous montre toute une chicane d'anges, des bons et des mauvais comme nous le dit le cat'chisse. 'Y l'appelle le combat. 'Y'a Saint Michel et Lucifer en plein milieu. On nous dit qu'il y a eu une révolte au ciel, la révolte de Lucifer et ceux-là qui l'ont suivi. Ce sont tous des démons noirs, aguissables itou comme j'peux voir.

J'peux pas vous en dire plusse pour la révolte. C'est comme dire à Dieu vas pisser une brique. J'l'dis en mots clairs sans cacher le vrai sens des mots. C'est toute comme on l'dit chez nous. Au bas du tableau, à gauche y'a la Tour de Babel. Babel veut dire confusion. On nous dit que les descendants de Noé voulaient élever la tour jusqu'au ciel pour la rendre ben fameuse, ben célèbre mais l'Bon Dieu les a puni. Ils parlaient sans s'faire comprendre. Y parlaient comme la Tour de Babel comme on dit aujourd'hui. La confusion pure. Encore une fois ces gens-là voulaient péter plus haut que l'trou. Pis, à drette y'a le pharisien et le publicain. Le pharisien dit une prière en se vantant et le publicain lui s'abaisse avec humilité, comme l'a dit la soeur de cat'chisse de chaque jour. Oui, 'a nous enseignait le cat'chisse à tous les jours. Par coeur itou parce qu'on récitait les réponses par coeur, oui, Monsieur. On nous dit après ça que le Seigneur nous a dit dans l'Évangile "Qui s'élève sera abaissé et qui s'abaisse sera élevé." C'est ben dit.

La prochaine page c'est **l'avarice—la luxure—la gourmandise**. Parce qu'il y en a sept des péchés capitaux, y'a deux pages de trois. L'orgueuil est toute seul. C'est le plus grand. Soyons pas orgueuilleux les gars et les filles parce qu'on va dev'nir trop bêtes. C'est le cat'chisse qui veut dire ça sans le dire carrément. On peut le lire entre deux lignes. Chus pas si gnochonne que ça.

L'avarice selon le cat'chisse est un amour déréglé des biens de la terre, principalement de l'argent. V'là ce mot encore "déréglé" qui veut dire pas normal. J'l'ai vu dans mon dictionnaire. Quant à l'argent qui n'aime pas l'argent, j'me d'mande. C'est ben beau l'argent mais y faut pas pardre la tête l'à-d'ssus. Moé chus né pour un p'tit pain et j'resterai comme ça. Chus comme ma mére. On était pauvre et pis on a resté toujours pauvre. On pouvait pas s'en défaire. Que voulez-vous? Alors, le goût déréglé de l'argent n'existait pas chez nous. J'connaissais pas ça. Y'en avait au moulin qui pensait seulement à l'argent. Y travaillait jusqu'à deux *shift*s pour gagner plusse d'argent. Y s'faisait mourir pour d'l'argent. Ça j'appellerais ça l'avarice. Plusse qu'y en gagnaient plusse y'en voulaient. Y couraient à banque pour faire un dépôt et voir leur intérêt grossir. Y'en a qui faisaient souffrir leur famille avec ça. Y faisaient manger seulement des patates à leurs enfants à cause de leur avarice. Mon oncle Eddie a fait ça pendant des années, vieux snoro, tannant de vole-la-piastre qu'on l'appelait. Un r'mède pour l'avarice est de penser à Notre Seigneur qui était pauvre. Y avait même pas un place pour reposer sa tête. Ça c'est être pauvre comme la gale, comme on dit.

Moé je lui aurais offert un litte chez nous. Les pauvres avec les pauvres, moé j'dis. Notre Seigneur était pas avare, j'l'sais trop ben.

Quant à la luxure c'est difficile de l'expliquer parce que moé j'comprends pas comment on peut faire pour offenser Dieu par ce péché. On nous dit que le contraire c'est la chasteté, comme le voeu que les soeurs prennent. Pas de minouchage, pas de fun défendu dans le litte le soir. Moé j'l'ai jamais faite en tout cas. Pas même avec mon Willé, mon amour. Soeur parlait assez souvent de la pureté et de l'impureté, mais moé ça me disait rien. J'avais pas l'temps de penser à ça. Il fallait que j'décrotte, laver la vaisselle, frotter les chaudrons, époussʼter les meubles, faire le lavage et l'étendre s'a corde, et pis faire le grand ménage quand c'était l'temps. Pensez-vous que j'avais l'temps de penser à ça, la luxure? 'Y'a plusse que ça dans vie. J'peux vous dire que mon âme est nette toute comme mon corps. J'me lave toutes les soirs et j'prends mon bain toutes les s'maines. Pis j'lave mon litte itou. Ça sent don' bon les draps et les oreillers nets surtout séchés dehors au vent, à part quand Monsieur Latourelle fait brûler sa dompe. Je l'étoufferais ce vieux b****. J'veux pas le dire ce mot parce que ce s'rait comme un blasphème. C'est toute. L'air dehors sentait la boucane toute la journée et j'mettais pas mon butin dehors. Mautadit vieux tornom de brûle-la-galette. C'est comme ça que j'l'appelais. Y devait sentir la boucane et pis la senteur de canis. Chus sûre qui s'lavait pas souvent, peut-être jamais ou seulement quand sa femme y disait. Elle aussi était pas trop trop propre. Elle et son butin sentaient pas trop bon. Chaque fois que j'passais contre elle au moulin j'pouvais la sentir. Mon Dieu, quelle senteur de cochonnerie. J'devrais dire plutôt, puanteur mais j'veux pas l'insulter, la bonnefemme. Faut pas que je sorte des mauvaies pensées du cat'chise en images.

Ben, c'est le tableau du traître astheure. En haut, Judas vend Notre Seigneur. C'est l'avarice nous dit le cat'chisse. Ensuite il y a l'histoire d'Esaü qui vend son droit d'ainesse à Jacob pour un plat de lentilles. Nous autres on dirait des binnes. C'est pourtant pas grand chose des binnes. Mais, le cat'chisse nous dit que dans ce temps-là être l'aîné voulait dire qu'que chose. Ça fait partie de l'histoire sainte et j'm'en souviens pas toute à faite. Ça fait trop longtemps.

En tout cas, chus pas avare, pas gourmande et surtout pas dans la luxure. J'sais pas mais j'crois que l'cat'chisse invente des choses que j'connais pas trop trop.

La page d'ensuite nous parle de **l'envie, de la colère et de la paresse.** Trois ben bon péchés. J'devrais pas dire bon mais méchant. L'envie ça m'dit l'envie de pisser, mais chus çartaine que c'est pas ça. L'envie veut dire une tristesse qu'on ressent à la vue des biens du prochain ou une joie coupable du mal qui lui arrive. C'est pas moé qui l'dis, c'est l'cat'chisse. L'envie nous rend comme Satan et son grand péché et c'est pouquoi que l'péché est entré dans l'monde. C'est ça que j'lis. Satan tâche de nous nuire. Pis, le contraire de l'envie c'est la charité, l'amour du prochain. En tout cas, moé chus pas envieuse et j'veux pas ce que les autres ont. Tout simplement j'veux gagner ce que j'veux.

La colère, toute le monde savent ce que c'est. Y'en a qui s'fâche si souvent pis y' se venge sur les autres. La plupart tourne rouge dans face à force qu'y sont enragés. Enragés comme des guiâbes disait ma voisine, la Guillemette. Elle 'a s'fâchait souvent. Jamais contre moé, par exemple. J'la laissais pas faire. 'A s'fâchait contre ceusses-là qui la traitaient de vaurienne et qui lui souhaitaient des malheurs comme la maladie ou même la mort des fois. C'était méchant ça.

Le cat'chisse dit que la colère est un mouvement déréglé de l'âme qui nous porte à repousser avec violence ce qui nous déplait. La colère nous porte à blasphémer le saint nom de Dieu, à s'venger, à injurier, à frapper pis des fois souhaiter la mort. Moé j'dis, faut pas devenir si méchant en colère qu'on devient comme une bête enragée. J'en connais qui s'fâchent tellement qu'y deviennent des vraies bêtes. C'est-tu bête d'être bête, disait ma mére. Oui, c'est comme s'arracher les ch'feux s'a tête pis sortir ses grosses dents de chien. J'aime pas ça. Ça m'rend folle. C'est vrai que j'me fâche des fois mais jamais en colère comme le cat'chisse dit. Chus ben ben douce et j'accepte pas qu'on me méprise et m'insulte mais jamais je me venge et jamais j'aguis les autres. C'est ben trop dur à redevenir amis après. Ça paie pas de se venger disait matante Cora, elle qui était si douce et si aimable. Elle aimait toute le monde pis 'a s'faisait aimer. Une ben bonne parsonne matante Cora.

Au moulin, 'y en avait qui s'fâchaient tout l'temps. Y s'fâchaient contre les boss, les autres travaillants et même les machines dans la weave room. Y kickaient contre les remplisseuses de batteries parce qu'y allaient pas assez vite avec leurs batteries et ça slowait down leur travail comme weaveuses. Pis y'en avait qui paraissaient être en maudit toute la journée. Y faisaient la baboune tout l'temps. Moé j'aimais pas ça les parsonnes avec la baboune. C'est mieux garder un sourire sur les lèvres et tenir le coeur joyeux même si on a la rage en d'dans.

Après ça c'est la paresse. Y'a deux sortes de paresse, la spirituelle et la temporelle. La paresse spirituelle c'est celle qui nous porte à négliger nos devoirs religieux et la paresse temporelle nous porte à négliger nos devoirs d'état. Celui-là j'le comprends pas. L'État du Maine n'a rien à faire avec la paresse. J'comprends pas pantoute. Le cat'chisse dit que c'est Dieu qui nous a imposé le travail et qu'on devrait pas, on peut pas s'en exempter. Ça ben du bon sens. Soeur Bougrèse nous disait que c'est la faute d'Adam et Ève et leur péché si y faut travailler à sueur de not'e front. Et ben, moé j'ai travaillé ben fort dans ma vie et j'en ai faite couler d'la sueur jusqu'à pisser d'la sueur dans l'dos à travers ma brassière. Mon Dieu, j'étais trempe de bord en bord pis j'étais pas la seule. Presque toutes les weaveuses pissaient la sueur avec c'ta chaleur épouvante dans weave room. A part de Madeleine Bonparlant. Elle a suait jamais. J'sais pas pourquoi. A faisait toujours la demoiselle. Raide comme un piquet avec les lèvres pincées. A s'lamentait jamais. A nous r'gardait avec des yeux de dédain. J'la comprenais pas.

Le cat'chisse dit qu'il faut pas faire la paresse, pas rester au litte trop longtemps et pas pardre son temps inutilement. J'pards jamais mon temps; j'me tiens toujours *busy*. Quant à rester dans litte trop longtemps, j'me réveille de bonne heure et souvent j'me lève même avant l'soleil. Quand on travaille au moulin y faut s'lever ben ben de bonne heure. D'abord y faut s'habiller, faire son lunch et prendre une bouchée de qu'que chose avant de partir. On a pas l'temps de rester au litte. Y'en a qui l'font le samedi matin mais moé j'ai du ménage à faire. C'est plusse important que de faire la lâche(c'est notre mot pour la paresse). Quant au dimanche, y faut se doller up pour la messe. On veut pas paraître mal atriquée. Pas le dimanche devant l'Bon Dieu. Comme j'peux voir, la paresse c'est pas pour moé. Pas pour une bonne Franco-Américaine comme moé. Pis y'a des bonnes Irlandaises itou. Y sont catholiques comme nous autres. Excepté y parlent anglais. Mais y'en a qui ont appris notre langue et savent nous parler en français. Ça j'trouve ça ben bon de leur part. Moé j'parle les deux langues et j'me tire d'affaire assez ben en anglais. On a la langue un peu tordue des fois mais ça va. J'me fais corriger souvent. *It's alright, Maybelle, it's quite alright,* me dit ma voisine l'Irlandaise.

Je vire la page et j'vois **Les Vertus Théologales:** la Foi, l'Espérance et la Charité. Le cat'chisse dit que la vertu est une disposition habituelle de l'âme qui nous porte à faire le bien et éviter le mal. Ça j'comprends.

La foi est une vertu théologale parce qu'elle se rapporte directement à Dieu, nous dit le cat'chisse. Avec la foi on cré toutes les vérités révélées par Dieu et enseignées par l'Église. Le cat'chisse dit que Dieu est vérité et peut pas se tromper. Tant mieux. J'aimerais pas me faire tromper non plus. J'l'trust l'Bon Dieu et son Église. Pas toutes les curés parce qu'il y en a qui sont pas trop trustables. Mais j'fais ma religion et j'ai confiance en elle et ma foi en Dieu. J'ai pas besoin de m'virer contre elle parce que j'deviendrais protestante.

Ensuite, c'est l'espérance par laquelle on attend de Dieu avec ferme confiance, nous dit le cat'chisse, la vie éternelle et les grâces nécessaires pour y arriver. Ben moé j'cré là-d'dans. La vie éternelle c'est le paradis à la fin de nos jours. J'veux ben y aller après ma mort. J'veux pas trop y penser la mort mais ça va v'nir. En tout cas j'ai ben l'espérance en ce qui va m'arriver parce que j'évite le mal et je tâche de faire le bien comme m'a dit ma mére et les soeurs. Que faire de plusse. J'travaille chaque jour à faire le ménage, j'épousse, j'frotte pis j'frotte icitte et là pis j'vas dans toutes les p'tits coins pour pas laisser trop de poussiére et surtout j'lave le butin quand c'est l'temps. J'aime pas la crasse et j'm'en débarrasse le plus tôt possible. Pis, j'ai ben travaillé fort toute ma vie au moulin. Alors j'me dis que j'ai gagné mon ciel.

Quant à la charité, c'est pas seulement la charité aux autres, donner pis donner aux pauvres, mais c'est surtout aimer Dieu et pis ensuite aimer le prochain. Le prochain c'est qui? Toute le monde? Soeur Bougrèse nous disait que c'était toutes ceux et celles avec qui on vient en contact tous les jours. Ça n'en fait du monde. J'peux pas toutes les compter. J'me dis que j'les aime toutes même ceusses qu j'connais pas. C'est ça que l'Bon Dieu veut, j'suppose. Y'en a qui sont durs a aimer comme la St-Michel qui est aguissable comme le tornom. 'A fait toute pour s'faire aguir. 'A parle fort, 'a mâche son manger fort et souvent 'a l'crache, est ben impolie, et a fait toute à son goût sans s'bâdrer des autres. Est aguissable! Mais 'y faut que j'l'aime quand même. J'l'aime pas comme j'aimais mon Willé et mes parents, mais c'est mon prochain et j'm'efforce de l'aimer parce que l'Bon Dieu et le cat'chisse le disent. Si toute le monde s'aimait itou ça irait ben mieux dans l'monde. Faut avoir la charité car sans elle on s'rait pas sauvé, nous dit l'cat'chisse. J'l'cré.

Ensuite vient un autre tableau. Une vierge, pas la Sainte Vierge, mais une femme qui a la main drette appuyée sur une grosse croix et portant dans la main gauche un flambeau allumé. La croix symbolise une des grandes vérités de la Rédemption et le flambeau la lumière qui éclaire l'âme. Une vive lumière, nous dit le cat'chisse. Toute ça c'est pas dur à comprendre. J'ai pas la tête dure. Au-dessous cette image il y a Abraham et son fils Isaac, Le vieux patriarche, comme l'appelle le cat'chisse, est en train de tuer ou immoler son gars parce que Dieu lui a dit de l'faire. Ça c'est un acte de grande foi. Surtout lorsqu'on sait que Dieu lui avait promis une grande postérité qui veut dire une ben longue lignée. Sans le fils 'y a pas lignée. Mais on sait que la lignée s'ra là parce qu'un ange va venir et pis arrêter le bras d'Abraham. Ce que j'trouve piteux c'est le p'tit mouton à terre dans les branches qui va d'venir le sacrifice. J'sais que c'est seulement un animal mais quand même...

L'Espérance est symbolisée par une autre vierge tenant dans sa main drette une couronne qui représente la gloire du ciel. A sa gauche il y a une grosse ancre qui symbolise les biens du ciel, nous dit le cat'chisse. J'me demandais toujours pourquoi 'y en avait qui portait une p'tite ancre dans l'cou avec une croix. Là je l'sais, ça veut dire l'espérance. J'vas m'en acheter une au store à dix cennes. Ça pas besoin d'être en or ou en argent d'abord que j'en ai une.

Enfin, la Charité. A drette il y a une autre vierge qui tient dans sa main drette un calice surmonté d'une grosse hostie. C'est l'Eucharistie où s'alimente l'amour de Dieu dans nos coeurs. J'aime ben le mot "alimente" parce que je l'ai appris avec la soeur Bougrèse. Ça veut dire nourrir La vierge pointe du doigt son coeur enflammé qui veut dire amour pour nous dire que charité symbolise amour pas seulement donner pis donner aux pauvres mais amour de Dieu et du prochain. Aimer, v'là ce que c'est la charité. La soeur nous chantait ça tous les jours. Aimer, aimer, aimer c'est la charité. Faut ben que ça seye comme ça. Notre Seigneur le disait tout l'temps. Aimez Dieu et aimez-vous les uns les autres. Toute irait si ben dans l'monde si on s'aimait. L'amour c'est pas comme d'la salade...ça rend pas les gens malades... seulement dans la p'tite chanson. Au-dessous de la vierge avec l'ancre, il y a Job assis sur son fumier. (Ça devait sentir la tonne, comme on dit). Du fumier c'est la marde de vache, excusez-là. Job maigre et couvert de plaies, espère que ses bobos s'en iront et pis il se sentira mieux. Malgré ses misère et ses maladies, Job a de l'espérance. C'est ça la vertu de l'Espérance. Faut pas désespérer nous disait matante Cora. Elle qui avait pardu son mari qui l'avait laisser avec cinq enfants. Pauvre elle. Elle avait toujours d'la belle façon.

A côté il y a Notre Seigneur à table chez Simon le Pharisien et Marie Madeleine avec un vase de parfum. Elle lui arrose les pieds de ses larmes et les essuie avec ses ch'feux. Notre Seigneur dit à Simon, "Je te declare que beaucoup de péchés lui sont remis parce qu'elle a beaucoup aimé." Ça c'est de la franche vérité sortie de la bouche du Christ, j'vous en assure. C'est don'beau l'amour, l'amour de la charité.

Je tourne la page et je vois, **Les Vertus Cardinales:** la Prudence, la Justice, la Force et la Tempérance. Pourquoi cardinal, c'est parce que c'est surnaturel. Le cat'chisse nous dit que ces vertus ont été enseignées par des philosophes païens comme des vertus naturelles. Le Christianisme (les chrétiens, ceusses-là qui suivent Jésus Christ, les a surnaturalisées (grand mot pour dire plusse que la nature humaine) et fortifiées par la grâce. C'est dur à vous expliquer ça mais faites moé confiance pis vous en saurez plusse plus tard.

La Prudence est une vertu qui éclaire notre esprit (comme un gros globe d'en haut) nous ouvre la caboche, et nous fait choisir les moyens les plus sûrs pour opérer notre salut. Opérer veut pas dire une opération à l'hôpital, pas d'saint danger, ça veut dire mettre en marche. Ça nous aide à être sauvé, c'est toute. Être prudent veut dire faire attention, pas trop s'exciter la couenne.

La Justice nous porte à rendre à Dieu et au prochain ce qui leur est dû. C'est ben facile. La justice règle aussi nos pensées et nos sentiments vis-à-vis les autres. C'est pas moé qui l'dis c'est l'cat'chisse. Faut pas être hypocrite et s'venger contre les autres, ça s'rait pas juste. C'est comme ça que je l'voué. Chus pas domme vous savez. La Force elle, donne le courage de pratiquer tous les devoirs que Dieu nous donne. Y'en prend du courage pour vivre une vie pleine d'épines et remplie et de revers, disait ma chère mére. Oui, 'a n'a eu des revers, ma mére. J'peux pas toute vous les raconter. 'A n'a passé du temps dur. Mais 'a passé à travers de toute ça. Du courage, du courage, 'a n'avait ma mére. D'la force itou. L'Bon Dieu 'y'en avait donnée.

La Tempérance nous porte non seulement à éviter les excès et à user de toutes choses avec moderation mais 'a nous demande de pas chercher notre bonheur et notre fin là-d'dans. La modération, la pauvre modération, Soeur Bougrèse nous a-tu chanté ça souvent. Pour moé, tempérance voulait dire la boisson. Ben à cause de mon pére pis sa boisson. L'ivrogne à la tête de girouette, toujours entre deux vents. C'est pas drôle pantoute.

Quant au tableau, il y a la prudence représentée par le jugement de Salomon. Le grand Salomon, je l'ai connu en classe dans l'histoire sainte qu'on avait toutes les mardis matins avec Soeur Marie-Ange-du l'Eucharistie. J'aimais l'histoire sainte. J'apprenais vite et pis j'aimais toutes les histoires. J'aimais Salomon qui a reçu de Dieu le don de la sagesse. L'Bon Dieu lui a demandé ce qu'il voulait et Salomon lui a dit, la sagesse. *Wise*, y'était ben *wise*, sage de demander la sagesse. Ben le cat'chisse montre que la vertu de la prudence est ben représentée par l'histoire des deux femmes qui vont au trône de Salomon pour y demander sa sagesse comme roi. Aprés tout c'était le fils de David, le plus grand roi de l'histoire sainte, nous a dit la soeur. Eh ben, les deux femmes avaient chacune un bébé.

Un est mort pendant la nuit. La maman prend le bébé de l'autre et y met le sien, mort. La vrai maman de celui qui est en vie va se plaindre au roi que le bébé vivant est le sien pas à l'autre femme qui veut la tricher. Le roi a le tour de faire les choses parce qu'il a la sagesse de Dieu. Il dit à un de ses soldats de couper le bébé en deux et de donner chacune la moqué. La vraie maman lui dit de pas faire ça et laisser le bébé vivre et pas le tuer avec l'épée. Imaginez-vous couper un enfant en deux. Ben, Salomon reconnaît la vraie mére et lui donne le bébé. Vous voyez une était bonne maman et l'autre méchante et voleuse. Salomon était vraiment prudent. Quelle belle vertu. On est pas toujours prudent. Des fois pas assez. La prudence est la vertu de Salomon qui est le plus sage de toute l'histoire sainte, nous disait la soeur. J'la cré.

A drette on a le tableau du Seigneur enseignant la justice aux Pharisiens et aux Hérodiens. J'les connais pas ceusses-là. J'connais seulement les Pharisiens, les sans-culottes, les hypocrites et les sent-la-marde. C'est comme ça que j'les appelle. Ces hommes voulaient tenter le Seigneur en lui demandant si on devrait payer la taxe, icitte le tribut. Le Seigneur qui était plusse smatte qu'eux-autres, leur demande d'y donner une pièce de monnaie, c'est comme nos cennes à nous, pis le Seigneur leur demande de qui est cette inscription. Ils rèpondent, César. "Rendez à César ce qui est à César et à Dieu ce qui est à Dieu. " C'est-tu pas une bonne réponse ça. Sage comme Salomon. Après toute y'était Dieu. Pis y'était juste comme le jour est juste. C'est ça que disait Madame Saint-André de s'a côte. J'l'aimais ben cette dame-là. Ètait dame de Sainte-Anne pis a donnait à tout l'monde. Ètait ben ben généreuse.

Ensuite on nous montre ce que c'est la Force avec l'histoire de Judith. La belle Judith. Encore une belle histoire un peu trop violente pour moé mais juste au point pour nous montrer ce que c'est la force surnaturelle. Le cat'chisse nous dit que cette femme voyant que la ville de Bethalie où a reste va être prise par le général des Assyriens, Holopherne(un nom pour coucher dehors), veut sauver sa patrie ou ben périr. Elle met ses plusse beaux vêtements et se rend au camp du general. Elle sait trop ben que celui-citte la respecte pour ses discours ben sages pour une femme et pour sa beauté de femme. C'était pas seulement pour une visite parce qu'elle voulait être polie. Non, c'était pour le tuer. Ètait ben forte et ben *wise* la Judith.

Holopherne a voulu 'y donner un festin en son honneur parce qu'il la respectait comme femme belle et sage.

Holopherne boit à l'excès et tombe endormi comme une tonne de briques. Elle le voit couché dans son litte dans sa tente. Elle prend l'épée du general endormi qui était justement là et lui tranche la tête. *Wow!* Quel bon coup pour se sauver et sauver sa patrie. Mais encore une fois, violent et dur à avaler. Que voulez-vous, c'est l'Ancien Testament. Y'a tellement du sang qui coule là-d'dans. Ça m'donnait des frissons quand on lisait ces histoires de guerre et de sang en classe. Que voulez-vous, j'étais peureuse et j'avais le coeur tendre.

La Tempérance est représentée par l'histoire de David à Bethléem. Un jour David faisait la guerre aux Philistins qui occupaient Bethléem. Il lui pris une soif terrible et demanda de l'eau de la citerne près de la porte de la cité. *Right away*, trois hommes sont allés qu'ri de l'eau et l'ont apportée à David. Mais celui-ci a refusé de la boire et l'a offert au Seigneur disant, "Dieu me garde de le faire. Boirai-je le sang de ces hommes et ce qu'ils ont acheté au prix de leur vie?" Et ben, ça ça s'appelle la tempérance dans le cat'chisse. Moé, j'appellerais ça modération, le fameux mot de la soeur.

Je tourne la page et j'vois **Les Vertus Évangéliques**. Encore des vertus. Y'en a ben de ça. Ceusses-là se rapportent aux vertus cardinales et sont particulièrement recommandées dans l'Évangile: l'Humilité, la Pauvreté, la Chasteté, et l'Obéissance. Ça sonne comme les voeux des religieux. Je l'sais parce que les soeurs parlaient souvent de ça. Faut crère que ces religieux suivaient l'Évangile. J'sais qui la connaissait ben.

L'Humilité nous fait reconnaître nos défauts et rapporter à Dieu le bien qui est en nous. C'est ça que dit le cat'chisse. Mes défauts j'les connais y'ont pas besoin de me les dire. J'parle trop des fois, je sacre de temps en temps, j'me fâche itou et pis y'en a que j'aime pas du tout comme la Farland. J'devrais pas mais c'est plus fort que moé. 'A me fend l'cul(oops, pardon) tellement est detestable. Son mari est pareil. Deux parsonnes haïssables. J'fais toujours de mon mieux de pas les rencontrer mais ça arrive toujours que les rencontre sur mon ch'min que je l'veux ou pas. C'est don' bête un peu. Pas seulement un peu mais en grand. Un jour j'les ai rencontrés s'a grand rue et pis avant de m'virer de bord, y m'ont fait face avec un beau grand sourire d'hypocrites. J'savais trop ben qu'y voulaient pas me rencontrer. J'ai mis ma langue dans ma poche et j'ai rien dit, juste un tout petit sourire de chatte.

La Pauvreté nous porte à nous detacher des biens de la terre et s'attacher à. Dieu. C'est pas dur à comprendre. Je l'fais par obligeance. Chus obligée de l'faire parce que chus pauvre et j'ai toujours été pauvre. J'ai toujours été attachée au Bon Dieu. C'est ça la règle de ma vie. Pauvre et obéissante à toute. J'mettrais jamais l'Bon Dieu de côté.

Pas d'saint danger. Sans d'Bon Dieu ma vie s'rait vide et j'pâtirais tout l'temps. Sans Lui chus seulement une pauvre créature des champs, une frémille, une pauvre p'tite bête seule et tannée de vivre. C'est pas toujours beau d'être pauvre mais c'est pas trop difficile non plus si on accepte la volonté de Dieu. C'est dur et c'est des fois terrible pour ceusses-là qui ont rien, absolument rien. Au moins moé j'ai toujours eu une famille. Astheure j'ai mon Médée. C'est pas l'homme le plus vaillant mais yé honnête et jamais sale. Faut vivrre avec ce qu'on a. C'est toute.

La Chasteté nous porte à éviter les plaisirs défendus et à user avec modération de ceux qui sont permis. C'est ça que dit le cat'chisse. Les plaisirs défendus, j'en ai pas dans ma vie de pauvre travailleuse de moulin. On avait pas l'temps de courir après. Y'en a qui disent que la chasteté c'est pas avoir de sexe. J'en ai jamais eu, pas même avec mon Willé. On s'aimait pis c'est toute. Quant aux plaisirs permis, ben j'aime la musique et les tounes du Canada, pis j'aime ben danser quand que'qu'un me l'd'mande, mais c'est rarement. Comme je vous l'ai déjà dit c'est moé qui a montré à Willé comment danser. Y'avait les deux pieds croches. Haha!

L'Obéissance est une vertu qui nous porte à obéir aux ordres légitimes, c'est ça que le cat'chisse dit, des supérieurs en les considérant les représentants de Dieu. Oui, les supérieures des bonnes soeurs. Y'en avait toujours une qui donnait ses ordres. Chez nous c'était ma mére qui était boss. Pas une bosse-de-bécosse mais une bonne bosse. J'l'écoutais tout l'temps parce qu'a avait toujours raison.

Mon pére lui y parlait jamais. Y'était toujours entre les deux vents. Pauvre papa. J' r'garde dans mon dictionnaire pour le mot légitime et ça dit selon la loi. Quelle loi? La loi des soeurs et des curés? Ça pas trop de sens. La loi d'la police et ceusses-là qui sont toujours à nous bosser? Y'en a trop comme ceusses-là. J'ai toujours été obéissante, douce et molle. Les soeurs et les boss du moulin ont jamais eu du trouble avec moé. Y'en a qui sont durs, rétifs et têtus. Y obéissent à parsonne. Jamais. C'est des révoltés comme disaient ma mére et les soeurs. Faut fuir ceusses-là y disaient. Moé j'prends mes jambes et j'm'enfuis d'eux autres les révoltés. Ça m'pue au nez c'est ben simple. Têtes de cochons, Bande de faces laites. J'aime pas ça les durs-à-cuires. J'aime mieux ceusses-là qui sont doux comme un agneau et aimable comme des p'tits chats qui s'font aimer. Bon, assez de ça. Voyons le tableau qui *match*. Le premier à gauche nous dit qu'un jour les prêtres et les lévites de Jérusalem sont venus voir

Jean-Baptiste et lui ont demandé qui il était. Jean-Baptiste leur dit qu'il était ni le Christ, ni Élie ni un prophète. Faut crère que le monde croyait qu'il était un gros monsieur, un vrai gros bonnet. Jean-Baptiste baptisait ben du monde et c'est pour ça qu'ils lui demanda pourquoi il baptisait si il était pas un de ces hommes si ben reconnus. Il leur dit: "Pour moi, je baptise dans l'eau, mais il y en a un au milieu de vous que vous ne connaissez pas. C'est lui qui doit venir après moi qui est au-dessus de moi et je ne suis pas digne de délier la courroie de sa chaussure." Au-dessus de ce tableau on voit écrit **Voilà l'Agneau de Dieu** et ça signifie l'humilité de Jean le Baptiste que toute le monde reconnaît. Il vivait dans le désert, mangeait des sauterelles, et s'habillait avec une peau de mouton ou de chèvre je pense ben. Y'était ben ben pauvre et ben humble. Pourtant c'était le cousin de Jésus le sauveur du monde. Y'é mort la tête coupée pour la belle danseuse de fou, Salomé, pour la donner à sa mére qui aimait pas pantoute Jean-Baptiste. J'm'en rappelle pas de son mardit nom. Oui, Jean-Baptiste a eu une vie dure, j'pense ben.

Le deuxième d'à côtè nous montre les premiers chrétiens qui partagent toute avec les autres. Y vendaient toute et mettaient l'argent aux pieds des apôtres qui la distribuaient. C'est ben l'exemple de la pauvreté. Y gardaient rien pour eux-autres et donnaient toute, leur argent, leur maisons, et toute ce qui leur appartenait. Quel beau geste comme le disait soeur Bougrèse. Y faisaient comme font les religieux et religieuses dans les communautés, nous disait-elle. C'est pour ça qui prenaient le voeu de pauvreté. Y'étaient toujours à quémander toute le monde pour avoir des cennes, des *ride*s ou ben d'autres choses. Des vraies quémandeuses. Y disaient des "Je vous salue, Marie" en retour. Ça, ça payait ben en maudit, j'vous l'dis.

Le troisième c'est l'Obéissance. Au-dessus on voit **Vocation des Apôtres.** Le cat'chisse dit qu'on voit la parfaite obeisance avec saint Jacques et saint Jean les fils de Zébédée. Lui je connais pas. Ça sonne comme un nom canayen. Le cat'chisse dit qu'un jour alors que ces deux-là étaient occupés à réparer leurs filets(leurs *net*s) avec leur pére, Jésus leur dit de le suivre et les deux fistons partent sans même dire *goodbye* à leur père qui est assis là comme un beau fouette la gueule farmée. C'est-tu drôle un peu. L'obéissance à Dieu ou l'obéissance à ses parents. C'est pas toujours facile.

Le quatrième nous parle de la chasteté. En haut on voit **Bienheureux les Coeurs purs** pis on voit Notre Seigneur avec sa Mère, Saint Joseph, Saint Jean-Baptiste et Saint Jean l'Évangéliste qu'on appelle le bien-aimé, nous disait soeur Bougrèse. Le cat'chisse dit que Jésus était ben ben comme on dit en anglais *"close"* de ces quatre-là à cause de leur pureté ou j'devrais dire chasteté. Ça s'comprend. C'est la parfaite chasteté, la chasteté virginale qu'on appelle ça.

Chaste et pur comme un agneau nous disait la soeur Mère Marie-de-l'Incarnation, une toute p'tite soeur aux lèvres pincées et les joues roses. A riait tout l'temps. A nous racontait des histoires qui nous faisaient rire ou pleurer. Avait l'tour celle-là.

Y reste encore deux pages: **Oeuvres de Miséricorde—les oeuvres temporelles de miséricorde.** La première nous parle de la miséricorde et explique qu'ossé c'est la miséricorde toute en nous montrant un gros tableau. La miséricorde est une vertu qui nous porte à compatir aux misères des autres et à les soulager. C'est ben facile de comprendre ça. Ma mére disait que c'était facile de pâtir parce que toute le monde pâtit mais pas toujours facile de compatir. Moé, j'ai ben pâti dans ma vie, pas comme les Lebrun et les Ferland, mais j'ai pâti. Pis j'sais ben comment compatir avec toutes ces pauvres gens qui souffrent dans leurs corps et qui souffrent de pauvreté, souvent rien à manger dans maison et par dessus le marché qui souffrent du frette, pas d'chaleur chez eux. J'en ai donné des couvartes et des catalognes, des mitaines et des gants avec une doublure de laine. Ça m'fendait le coeur de voir tant de souffrances surtout pour les enfants pauvres comme la gale. J'ai ben donné itou du manger et des fois d'l'argent.

J'pouvais pas leur en donner trop parce que j'en avais pas. Juste assez pour me faire vivre. La Souillonne a le coeur tendre et 'a donne de toute son coeur. J'l'sais. La misère, la pauvre misère y en a tant s'a terre. J'vois ça partout.

Y'en a qui mange plein leur ventre et d'autres qui s'passent de nourriture pour en donner un peu à leurs enfants.

J'connaissais une pauvre p'tite mére qui s'privait de toute pour faire vivre ses quatre enfants. A leur donnait d'la belle béloné du store à Parenteau et pis elle s'cachait pour gruger sur un os pour faire d'la soupe. Ètait maigre, maigre comme un chicot, Marie-Anne Lachapelle. C'était son nom.

Et ben, y'a deux sortes d'oeuvres de miséricorde, corporelles et spirituelles. Corporelles veut dire, on sait ben, pour le corps, et spirituelles pour l'âme. C'est toujours pour le prochain. Le cat'chisse dit que les principales sont prendre soin des pauvres, visiter les malades, recevoir les pèlerins, et ensevelir les morts. On sait ben qu'aujourd'hui y'a pas de pèlerins comme dans l'temps d'Abraham. On dit ça parce que ça veut dire dans l'ancien temps. On va sur des pèlerinages comme à Sainte-Anne-de-Beaupré, Notre-Dame-du-Cap, et l'Oratoire Saint-Joseph, mais on dit rarement les pèlerins qu'on a besoin de recevoir chez nous. J'ai déjà été à Sainte-Anne-de-Beaupré et j'ai ben aimé ça. J'ai monté la grande escalier à g'noux. C'est ben dur sur les g'noux, j'vous en garantis mais y'a du mérite là-d'dans.

J'ai vu la belle statue de Sainte-Anne sur son haut piedestal entourée de béquilles et toutes sortes de choses que les gens ont laissées une fois guéris. C'est ben impressionant. Moé j'allais pas pour me faire guérir, comme un miracle, mais j'y allais pour demander la guérison de mon pére de son ivrongnerie. C'était don' de valeur de l'voir toujours entre deux vents. Pauvre homme. Pis ma mére qui l'endurait comme une pauvre Madeleine. J'ai jamais été à l'Oratoire parce que c'est ben loin Montréal. J'avais parsonne pour m'amener itou. J'aimerais ben y aller un jour. Quant à ensevelir les morts, c'est les entrepreneurs qui font ça.

D'ailleurs, j'ai pas d'morts à ensevelir. J'ai peur d'la mort et des morts *anyways*.

Dans le grand tableau on parle des secours donnés aux autres. Le premier au haut de la page à gauche, c'est le prophète Élie et la veuve de Sarephta qui manque de farine et d'huile et pis lui 'y multiplie les deux pour y en donner assez pour vivre elle et son fils. Ensuite vient le Bon Samaritain. C'est don' une belle histoire celle-là. J'aimais tant quand la soeur nous la racontait et plus tard j'la lisais dans mon livre de messe. On voit deux hommes, un embarquant sur un joual et l'autre l'aidant. Pauvre malade qui a été comme abandonné des autres passants, un prêtre de leur religion et un autre, j'n'sais pas qui. Parsonne s'arrête pour prendre soin du blessé. C'est ça, pas un malade mais un homme attaqué et laissé comme mort. Y'en a qui sont si méchants. Et ben, le Bon Samaritain est le seul qui vient porter secours. C'est pour ça qu'on l'appelle le Bon Samaritain. Soeur Bougrèse nous disait que c'était pour ça qu'on appelait les parsonnes qui portent secours aux autres des bons Samaritains. C'est ben ça.

Au bas il y a Abraham offrant l'hospitalité aux anges, y'en a trois, qui allaient détruire les villes de Gomorrhe et Sodome. Y'ont pas d'l'air des anges parce qu'ils n'ont pas d'ailes. Peut-être des anges qui volent pas mais qui marchent invisibles sans avoir besoin d'ailes. J'sais pas pantoute. Ces deux villes, soeur Bougrèse les appelait des villes de péché qui ont été brûlées par le feu et le éclairs.

J'n'sais pas. Au bas à gauche, il y a un médaillon qu'appelle le cat'chisse qui montre une Soeur de Charité soignant un malade. C'est elle qui avaient des grandes ailes blanches sur la tête comme des oiseaux. C'était pour moé assez drôle c't'a coiffe-là. C'est comme ça que ça s'appelle, une coiffe. J'l'ai pas imaginé ce mot-là. Chus pas assez smatte pour faire ça.

La darnière page représente les oeuvres spirituelles de miséricorde. Ceusses-là qui touchent à l'âme du prochain dit le cat'chisse. Y'en a quatre principales: instruire les ignorants, donner de bons conseils, consoler les affligés, prier et faire prier Dieu pour les vivants et les morts. Le cat'chisse dit que c'est sur la pratique des oeuvres de miséricorde spirituelles et corporelles que l'Évangile nous dit que nous serons jugés le dernier jour. Ça c'est vrai parce que la soeur l'a dit et ça ben du bon sens. C'est ce qu'on fait aux autres et pour les autres qui comptent. Si on fait miséricorde aux autres ben l'Bon Dieu f'ra miséricorde pour nous autres. C'est juste *fair*.

Instruire les ignorants ben c'est un gros travail pour ceusses-là qui sont intelligents et savent instruire. Moé j'peux pas faire ça. Chus pas assez intelligente. Des fois j'me cré domme. J'ai la caboche trop vide de savoir et savoir-faire. J'sais le faire si que qu'un m'l'montre. Au moins j'ai assez d'intelligence pour apprendre. Ça c'est qu'que chose. Le tableau montre Saint-Jean Baptiste qui instruit le peuple devant lui en leur donnant de sages conseils, comme dit le cat'chisse.

Dans le médaillon en haut à gauche on montre un Frère des Écoles chrétiennes qui montre un livre et qui enseigne les jeunes. Moé j'les connais pas ces frères-là. J'ai ben connu les Frères du Sacré-Coeur. Sont ben intelligents ceusses-là. Y portent dans le dos de leur soutane un long morceau de butin noir plié avec un p'tit capuchon. J'aime ça, c'est différent. J'cré qu'on appelle ça un scapulaire ou que'que'chose comme ça.

Donner de bons conseils, toute le monde sait ça. Y'en a qui donne des conseils sans qu'on en leur demande. Des bosseux et des savent-rien. Y crèyent qui en savent gros mais la franche vérité est qu'ils savent rien. Ils veulent nous bosser c'est toute. Les bons conseils ça vient de ceusses qui sont pas trop bosseux et qui savent comment parler au monde qui en ont d'besoin. Moé j'dirais qu'on les appelle des sages tout comme ma grandmère Estelle les appellerait.

Ètait ben fine et a pouvait dire si que'qu'un était sage ou non. Sage voulait dire plein de lumières d'en haut. Vous savez ce que j'veux dire par ça. J'ai pas besoin de vous l'expliquer. Itou, c'est pour ça qu'on dit aux enfants, "Sois sage." On veut qu'ils agissent ben et pas en tocsons ou des mal-él'vés. Ça ben du bon sens.

On montre encore un Saint-Jean-Baptiste reprochant à Hérode ce que l'appelle son inconduite. Son manque de ben se conduire, je dirais. "Il ne vous est pas permis d'avoir le femme de votre frère," lui dit-il.

Consoler les affligés est une autre oeuvre spirituelle de misèricorde. Icitte on voit Jésus consoler la veuve de Naïm qui vient de pardre son fils, un fils unique. Astheure 'est seule dans vie 'A pleure et pis 'a pleure. Jésus la rencontre sur son chemin. Il voit qu'on porte le mort pour l'enterrer. Jésus est touché de compassion pour elle. Les porteurs s'arrêtent et Jésus dit au jeune homme mort, "Lève-toi" et il se lève et commence à parler. Jésus le rend à sa mére. C'est don' beau ce miracle de consolation.

Prier pour les vivants et les morts: Ceci est représenté par Judas Machabée priant avec son armée pour ses soldats qui avaient péri dans le combat. On voit par terre des têtes coupées, pas de corps. Ugh! C'est don' écoeurant ça! Après avoir fini la prière, il a fait faire une quête pis il a envoyé le produit à Jérusalem afin qu'on offre un sacrifice pour les péchés de ceusses qui étaient morts. C'est ben beau de prier pour les morts. Je l'fais toute le temps. J'prie pour les vivants itou. C'est ça qu'on appelle les oeuvres de miséricorde. Mon doux Jésus, MISÉRICORDE! J'en ai besoin, j'vous l'dis. Quand ça marche mal ou que ça marche pas pantoute, j'en ai besoin d'la miséricorde du Seigneur. Des fois ça vient assez vite et des fois pantoute. C'est-tu mal amanchée dans vie la miséricorde du Bon Dieu. Dans c'temps-là j'crie "Pitié, mon Dieu, Pitié" pis il m'écoute. Faut ben. J'y dis, j'en ai plein mon casque.

Lui me dit tout bas viens, vide ton casque. J'en ai plein mon chapeau de plaintes et de grincharge de dents pour des demandes de pitié. Ma pitié est grande, et en plusse ma miséricorde est infinite. Faut pas en avoir peur du Bon Dieu. Il nous aime comme ses enfants et il peut tout nous donner, même sa pitié et sa compassion. La compassion, c'est l'amour en grand. Je l'sais parce que j'en ai eu lorsque je me plaignais à lui. Chus plaigneuse des fois. C'est pas d'ma faute, chus faite comme ça. Chus la Souillonne, que voulez-vous. La Souillonne a terminé de lire le grand cat'hisse en images, pis a l'a ben aimé. 'A l'a trouvé ben intéressant. Plein d'images et de ben beaux mots. J'aime les images à plein comme dit Madame Arbour, la Canayenne de la Beauce. 'Y parle comme ça là-bas, "Je 'harche pis je 'harche" plutôt de dire je charche pis je charche. C'est tout à fait différent de nous autres aux États. J'avais des cousins d'Augusta qui parlaient comme ça. Que voulez-vous on est toutes dans la même manche des Canayens d'autrefois.

C'est pour dire, nos ancêtres avaient du casque et d'la force d'âme comme le disait Soeur Bougrèse. Elle aussi en avait du casque, si vous me comprenez. C'est don' ben de s'comprendre, on s'entend pis on s'parle pis c'est don' beau, c'est toute. J'ai tant aimé le grand cat'hisse en images que j'pense que j'vas commencer à lire le p'tit livre, L'Histoire Sainte. J'aime les histoires. Ça nous aide à comprendre toute ce qui s'est passé dans l'Ancien Testament. Ça c'est avant Jésus-Christ. C'est ben beau l'histoire surtout si 'est ben écrite par des parsonnes intelligentes et données à faire leur religion parce qu'ils comprennent ben l'histoire sainte. Le cat'chisse et l'histoire sainte sont toutes les deux des trésors comme disait Monsieur Laprise qui vit s'a côte. Y'é v'nu au monde s'a côte pis y' dit qu'y va mourir là. C'est ça qu'y dit. Yé pas trop smatte, Monsieur Laprise mais y'a du bon sens. Je l'aime malgré qu'il aime turluter aux veillées du samedi soir, et pis il turlute ben mal. Ça nous fait passer des frissons embêtants. Et ben, c'en est assez de la Souillonne. 'A parle trop.' A r'viendra peut-être une autre fois si vous êtes pas encore tannés d'elle et ses histouères. On s'tanne vite des fois.